D1731715

Семь
Духовных
Законов
Успеха

THE
SEVEN
SPIRITUAL
LAWS
OF
SUCCESS

A PRACTICAL GUIDE
TO THE FULFILLMENT
of YOUR DREAMS

DEEPAK CHOPRA

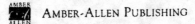

AMBER-ALLEN PUBLISHING

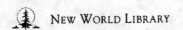

NEW WORLD LIBRARY

ДИПАК ЧОПРА

Семь Духовных Законов Успеха

Практическое руководство
по осуществлению
вашей мечты

«СОФИЯ»
2001

Редактор
И. Старых

Ч 75 **Дипак Чопра. Семь Духовных Законов Успеха. Практическое руководство по осуществлению вашей мечты.** Перев. с англ./Н. Шпет. — К.: «София», 2001. — 160 с.

Эта книга — один из величайших бестселлеров современности. Ее успех и тиражи невероятны.

Основанная на законах, которым подчиняется все мироздание, она вдребезги разбивает миф о том, что успех является результатом тяжелого труда, точного планирования или руководящих вами амбиций.

В «Семи Духовных Законах Успеха» Дипак Чопра рисует перспективу достижения успеха, которая изменит всю вашу жизнь: стоит вам понять вашу истинную природу и научиться жить в гармонии с ней, к вам легко и без всяких усилий хлынут благосостояние, здоровье, взаимоотношения с людьми, которые принесут вам удовлетворение, энергия и энтузиазм, а также материальное благополучие.

ISBN 1-878424-11-4 (англ.)
ISBN 5-220-00195-7

© Deepak Chopra , 1994
© «София», 2001

ОГЛАВЛЕНИЕ

Должна быть прочитана каждым, кто пропустил «Пророка» Калила Джебрана.

New York Times

«Семь Духовных Законов Успеха» — это набор инструментов виртуальной реальности для духовного путника XXI столетия.

Питер Габер, председатель и президент Sony Pictures Entertainment

Из всех книг Дипака «Семь Духовных Законов Успеха» дают наиболее глубокое описание того, как перевести вашу жизнь на более высокий и более целостный уровень. Это великолепно.

Энтони Роббинс, автор книги «Пробуждение внутреннего исполина» и «Неограниченная энергия»

*«**Семь Духовных Законов Успеха**» могут служить замечательными руководящими принципами для любого, кто пытается построить жизнь или создать человеческую организацию, которая бы была продуктивной и приносила удовлетворение.*

Кен Блэнчард, соавтор книги
«Менеджер одной минуты»

Об авторе

Дипак Чопра — всемирно известный лидер в области психотелесной медицины и человеческих возможностей. Он является автором многих ставших бестселлерами книг, включая «*Нестареющее тело, неподвластный времени ум*», «*Квантовое исцеление*», «*Создание изобилия*», «*Путь волшеб-*

ника»[*], «*Путь к любви*»[**], а также многочисленных аудио- и видеопрограмм, которые способствуют достижению здоровья и благополучия. Книги Дипака Чопры переведены более чем на двадцать пять языков, кроме того, он постоянно выступает с лекциями в Северной и Южной Америке, в Индии, Европе, Японии и Австралии. В настоящее время он является исполнительным директором Института психотелесной медицины и человеческих возможностей при Центре скорой помощи в Сан-Диего, Калифорния.

Его разрушающие все привычные основы книги соединяют физику и философию, практическое и духовное, освященную веками восточную мудрость и отточенную западную науку, приводя к живым результатам.

---

[*]   См.:«София», Киев, 1997 г.

[**]   См.:«София», Киев, 1997 г.

Предисловие

Основанная на законах, которым подчиняется все мироздание, эта книга вдребезги разбивает миф о том, что успех является результатом тяжелого труда, точного планирования или руководящих вами амбиций.

В «*Семи Духовных Законах Успеха*» Дипак Чопра рисует перспективу достижения успеха, которая изменит всю вашу жизнь: стоит вам понять вашу истинную природу и научиться жить в гармонии с ней, к вам легко и без всяких усилий хлынут благосостояние, здоровье, взаимоотношения с людьми, которые принесут вам удовлетворение, энергию и энтузиазм, а также материальное благополучие.

Эту книгу, исполненную вечной мудрости и содержащую описание тех практических шагов, которые вы можете делать незамедлительно, вам захочется перечитывать снова и снова.

Вы — это движущее вами ваше глубинное желание.
Каково ваше желание, такова ваша воля.
Какова ваша воля, таковы ваши действия.
Каковы ваши действия, такова ваша судьба.

— Брихадараньяка Упанишада IV.4.5

Благодарности

Мне хотелось бы выразить свою любовь и признательность следующим людям:

Дженет Миллс — за то, что она с любовью поддерживала меня с того самого момента, когда я задумал эту книгу, и до ее завершения.

Рите Чопра, Маллике Чопра и Гаутаме Чопре — за то, что они в своей жизни следуют Семи Духовным Законам.

Рэю Чемберсу, Гэйли Роуз, Адрианне Найноу, Дэвиду Саймону, Джорджу Хэррисону, Оливии Хэррисон, Найоми Джадд, Деми Мур и Алисе Уолтон — за их мужество и верность вдохновляющему, возвышенному, благородному, отношению к жизни, — отношению, которое преобразует эту жизнь.

Роджеру Гэбриелу, Бренту Беквару, Роуз Бьено-Мэрфи и всем моим сотрудникам из *Sharp Center for Mind-Body Medicine* (Центра психотелесной медицины) — за то, что они служат вдохновляющим примером для всех наших гостей и пациентов.

Дипаку Сингху, Гите Сингх и всему персоналу «*Quantum Publication*» — за их неослабевающую энергию и увлеченность.

Мьюриэл Неллис за ее твердое намерение придерживаться полной честности во всех наших начинаниях.

Ричарду Перлу — за то, что он служит замечательным примером жизни в согласии с самим собой.

Ариель Форд — за ее непоколебимую веру в самопознание, ее заразительный энтузиазм и преданность делу преобразования жизни многих людей.

Биллу Элкасу — за его понимание и дружбу.

Введение

Хотя эта книга названа «*Семь Духовных Законов Успеха*», ее можно было бы также назвать «*Семь Духовных Законов Жизни*», потому что природа использует одни и те же принципы для всего, что находит материальное воплощение, — всего, что мы можем видеть, слышать, обонять, осязать или пробовать на вкус.

В своей книге «*Создание изобилия: осознание богатства в свете всех возможностей*»* я в общих чертах обрисовал этапы, ведущие к осознанию богатства, которое опирается на истинное понимание законов природы. «*Семь Духовных Законов Успеха*» — суть этого учения. Когда это знание

---

* «*Creating Affluence: Wealth Consciousness in the Field of All Possibilities*».

станет неотъемлемой частью вашего сознания, оно даст вам возможность создавать неограниченное богатство без особых усилий и добиваться успеха во всех своих начинаниях.

Успех в жизни можно определить как непрерывное расширение ощущения счастья и постепенное достижение поставленных перед собой целей. Успех — это способность удовлетворять свои желания без особых усилий. И тем не менее успех, включая создание богатства, всегда считают процессом, который требует тяжелого труда, и люди обычно считают, что достижение успеха возможно только за чужой счет. Мы нуждаемся в более духовном подходе к понятию успеха и изобилия, которое есть не что иное, как направленный к вам щедрый поток материальных благ. Знание и применение духовных законов позволит вам жить в гармонии с природой и делать все, за что бы вы ни взялись, беззаботно, радостно и с любовью.

Успех имеет много аспектов, материальное богатство — только одна из его составляющих.

Кроме того, *успех — это путешествие, а не место назначения*. Материальное изобилие, во всех своих проявлениях, становится одним из тех аспектов, которые делают это путешествие более приятным. Но успех включает также хорошее здоровье, энергию и энтузиазм, взаимоотношения, которые бы вас удовлетворяли, свободу творить, эмоциональную и психологическую устойчивость, ощущение благополучия, спокойный разум.

Но даже обладая всем этим, мы остаемся нереализовавшимися, пока не взрастим в себе ростки Божественного. В действительности, мы — божества под маской. Боги и богини, которые в эмбриональном состоянии живут в каждом из нас, только ждут возможности полностью материализоваться. Поэтому настоящий успех — это переживание чуда. Это раскрытие Божественного внутри нас. Это ощущение чуда всюду, куда бы вы ни пошли, во всем, на что бы ни упал ваш взор, — в глазах ребенка, в красоте цветка, в полете птицы.

Когда мы начинаем воспринимать свою жизнь как чудесное проявление Божественного — не от случая к случаю, а постоянно, — только тогда мы понимаем истинный смысл успеха.

✿ ✿ ✿

Прежде чем давать определение *Семи Духовным Законам*, попробуем разобраться в самом значении слова «закон».

Закон — это процесс, благодаря которому неявное становится явным;

❀ это процесс, благодаря которому наблюдатель становится наблюдаемым;

❀ это процесс, благодаря которому зритель становится тем, что происходит на сцене;

❀ это процесс, благодаря которому мечтатель осуществляет свои мечты.

Все мироздание, все, что существует в физическом мире, является результатом того, что неявное превратилось в явное. Все, что мы созерцаем, приходит из неведомого. Наше физическое тело, физическая Вселенная — все, что мы можем воспринимать с помощью своих органов чувств, — все это является преобразованием неявного, неизвестного и невидимого в явное, известное и видимое.

Физическая Вселенная — не что иное, как Сущность, Я, обратившееся к Себе, чтобы испытать Себя как дух, разум и физическую материю. Другими словами, весь процесс творения — это процесс, с помощью которого Я, или Божественное, выражает Себя. Сознание в движении выражает себя в виде объектов Вселенной в вечном танце жизни.

Источник всего творения — Божественное (или дух); процесс творения — Божественное в движении (или разум); объект творения — физическая Вселенная (которая включает физическое тело). Эти три составляющих реальности, дух, разум и тело — или наблюдатель, процесс наблюдения и наблюдаемое, — по существу, одно и то же. Все они пришли из одного и того же места: из поля чистых потенциальных возможностей, которое является пространством непроявленного.

Физические законы Вселенной — это, по существу, весь ход развития Божественного в движении, или сознание в движении. Когда мы понимаем эти законы и применяем их к своей жизни, мы можем создать все, что бы мы ни захотели, ведь те же законы, которые природа использует для создания леса, галактики, звезды или человеческого тела, могут также заставить осуществиться наши глубочайшие желания.

А теперь давайте перейдем к *Семи Духовным Законам Успеха* и посмотрим, как мы можем их использовать в своей жизни.

Закон Чистой Потенциальности

Источником всего творения является чистое сознание... чистая потенциальность, ищущая выражения неявного через явное. И когда мы осознаем, что наше истинное Я — это Я чистой потенциальности, мы объединяемся с силой, которая проявляет все в нашей Вселенной.

В самом начале
Не было ни существующего, ни
                    несуществующего,
Весь этот мир был непроявленной
                    энергией...

Не оставляя никаких следов, Единое
Дышало Своей собственной силой,
Больше ничего там не было...

— Гимн творения, Ригведа

Первый духовный закон успеха — это **Закон Чистой Потенциальности**.

Этот закон основан на том, что мы, по самой своей сущности, есть чистое сознание. Чистое сознание — это чистая потенциальность, это поле всех возможностей и бесконечных творческих способностей. Чистое сознание — наша духовная сущность. Обладая бесконечностью и неограниченностью, оно представляет чистую радость.

Другие качества сознания — чистое знание, беспредельная тишина, совершенное равновесие, непобедимость, простота и блаженство. Вот что такое наша сущность. Наша сущность — это чистая потенциальность.

Когда вы обнаруживаете свою сущность и знаете, кто вы есть на самом деле, *в этом знании себя* заключается способность осуществить любую свою мечту, потому что вы есть бесконечная возможность, неизмеримый потенциал всего, что было, есть и будет.

Закон Чистой Потенциальности можно назвать также *Законом Единства*, потому что под бесконечным многообразием жизни лежит *единство* всепроникающего духа. Между вами и этим полем энергии не существует разделенности. Поле чистых потенциальных возможностей — это ваше собственное Я. И чем больше вы постигаете свою истинную природу, тем больше вы приближаетесь к пространству чистой потенциальности.

Ощущение своего Я, или «соотнесенность с самим собой», означает, что нашей внутренней точкой отсчета становится наш собственный дух, а не объекты нашего восприятия.

Противоположностью соотнесенности с самим собой является соотнесенность с объектом.

При соотнесенности с объектом мы всегда находимся под влиянием объектов вне нашего Я, куда входят ситуации, обстоятельства, люди и вещи. При соотнесенности с объектом мы всегда ждем одобрения со стороны. В своих мыслях и в своем поведении мы всегда зависим от ответной реакции, а значит, в основе их лежит страх.

Кроме того, при соотнесенности с объектом мы постоянно ощущаем настойчивую потребность управлять происходящим. Мы ощущаем настойчивую потребность во внешней силе. Потребность в одобрении, потребность управлять происходящим и потребность во внешней силе — это потребности, в основе которых лежит страх. Такого рода сила не является силой чистой потенциальности, силой Я, *реальной* силой. Когда мы ощущаем силу Я, страха не существует, не существует непреодолимого желания контролировать события и потребности в одобрении или внешней силе.

При соотнесенности с объектом внутренней точкой отсчета служит ваше эго. Однако эго — это не то, чем вы действительно являетесь. Эго — это ваш собственный воображаемый образ, это ваша социальная маска, это исполняемая вами роль. Получая одобрение, ваша социальная маска процветает. В своем вечном желании власти она опирается на силу, потому что живет в страхе.

Ваше истинное Я — ваш дух, ваша душа — полностью свободно от всего этого. Оно невосприимчиво к критике, его не пугают никакие испытания, оно не считает себя ниже любого другого человека. И в то же время оно обладает скромностью и не ставит себя выше никого другого, потому что оно осознает, что любой другой — это то же Я, тот же дух под разными масками.

Именно в этом заключается основное различие между соотнесенностью с объектом и соотнесенностью с самим собой. При соотнесенности с собой вы ощущаете свою истинную сущность, которая не боится никаких испытаний, уважает всех людей, не чувствует себя ниже других. Поэтому сила, опирающаяся на соотнесенность с собой, является истинной силой.

Сила же, опирающаяся на соотнесенность с объектом, — это ложная сила. Основываясь на эго, она существует лишь до тех пор, пока существует объект отсчета.

Если вы обладаете определенным титулом — например, вы президент страны, или председатель крупной корпорации, или же у вас много денег, — сила, которая доставляет вам радость, уходит вместе с титулом, вместе с работой, вместе с деньгами. Сила, которая опирается на эго, существует до тех пор, пока существуют эти объекты. Как только уходит звание, работа или деньги, уходит и сила.

В противоположность этой силе, сила, опирающаяся на соотнесенность с собой, постоянна, потому что она опирается на знания Я. Вот некоторые особенности этой силы: она привлекает к вам людей, но она привлекает также и то, к чему вы стремитесь. Она притягивает людей, ситуации и обстоятельства в поддержку ваших желаний.

Это можно назвать также поддержкой со стороны законов природы. Это поддержка со стороны Божественного, поддержка, которая исходит от бытия, когда оно к вам благосклонно. Ваша сила такова, что связь с людьми доставляет вам радость, а людям доставляет радость связь с вами. И именно ваша сила служит связующей силой, она устанавливает связь, которая исходит из истинной любви.

✹ ✹ ✹

Как же мы можем применить *Закон Чистой Потенциальности,* поле чистых возможностей, к своей жизни? Если вы хотите наслаждаться преимуществами поля чистых возможностей, если вы хотите полностью использовать творческие возможности, присущие чистому сознанию, вы должны иметь к ним доступ.

Один из способов проникнуть в это поле — это ежедневная практика безмолвия, медитация и не-суждение, отсутствие оценок. Если вы будете проводить время среди природы, это тоже откроет вам доступ к качествам, присущим полю: безграничным творческим возможностям, свободе и блаженству.

Практика безмолвия означает взятие на себя обязательств тратить определенное количество времени на то, чтобы просто *Быть*. Пребывать в безмолвии означает время от времени отказываться от разговорной активности. Это означает также периодический отказ от таких занятий, как телевизор, радио и чтение книг. Если вы никогда не предоставляете себе возможность испытать тишину, это вносит возмущения в ваш внутренний диалог.

Постоянно уделяйте немного времени тому, чтобы испытать тишину. Возьмите на себя обязательство посвящать этому занятию два часа в сутки, но если вам кажется, что это слишком много, можете ограничиться получасом. Но время от времени вы должны находиться в тишине в течение длительного периода времени — целый день, два дня или даже всю неделю.

Что происходит, когда вы погружаетесь в тишину? Вначале ваш внутренний диалог становится еще более бурным. Вы ощущаете настойчивую потребность что-то говорить.

Я знал людей, которые в первые день-два добровольного продолжительного молчания буквально теряли рассудок. Их внезапно охватывало чувство беспокойства и настойчивая потребность что-то делать.

Но по мере продолжения опыта внутренний диалог начинает успокаиваться. И вскоре наступает глубокая тишина. Это происходит потому, что разум со временем уступает. Он осознает, что нет смысла блуждать вокруг, если *вы* — высшее Я, дух, тот, кто принимает решения, — не собираетесь говорить. И тогда, когда умолкает внутренний диалог, вы начинаете ощущать спокойствие поля чистых потенциальных возможностей.

Практиковать время от времени безмолвие, тогда, когда это вам будет удобно, — один из способов узнать на опыте *Закон Чистой Потенциальности.*

Еще один способ — ежедневная медитация. Идеальным было бы посвящать этому занятию полчаса утром и полчаса вечером. С помощью медитации вы получаете доступ в поле чистого безмолвия и чистого осознания. В этом пространстве чистого безмолвия находится поле безграничных взаимосвязей, поле безграничной организующей силы, основной источник созидания, где все неразрывно связано со всем остальным.

Когда вы познакомитесь с пятым духовным законом, *Законом Намерения и Желания*, вы увидите, как можно вводить в это поле слабый импульс *намерения*, что будет приводить к спонтанному осуществлению вашего желания. Но вначале вы должны испытать полную тишину.

Полная тишина — первое требование для проявления ваших желаний, потому что именно в ней лежит ваша связь с пространством чистых потенциальных возможностей, которое может открыть для вас всю свою бесконечность.

Представьте, что вы бросили в пруд небольшой камешек и наблюдаете, как по поверхности воды расходится рябь. Немного погодя, когда рябь успокоится, вы бросаете следующий камешек. Именно это вы делаете, когда входите в пространство чистого безмолвия и вводите туда свое *намерение*. В этой тишине даже самое слабое намерение вызовет рябь на поверхности универсального сознания, которое связывает между собой все.

Но, если вы не добились неподвижности сознания, если ваш разум подобен бурному океану, бросайте туда хоть Эмпайр Стэйт Билдинг[*], вы ничего не заметите. В Библии есть изречение: «Остановитесь и познайте, что Я Бог»[**]. Этого можно достичь только с помощью медитации.

Есть еще один способ проникновения в поле чистых потенциальных возможностей — практика не-суждения. Суждение есть постоянная оцен-

---

[*]   Один из самых высоких небоскребов в Нью-Йорке.— *Здесь и далее прим. ред.*

[**]   Псалом 45:11.

ка того, плохо это или хорошо, верно или неверно. Когда вы постоянно оцениваете, классифицируете, анализируете, вешаете ярлыки, ваш внутренний диалог становится очень бурным, турбулентным. Эта турбулентность ограничивает поток энергии между вами и полем чистой потенциальности. Вы сжимаете «паузу» между мыслями в буквальном смысле.

Эта пауза — ваша связь с полем чистых потенциальных возможностей. Именно это состояние чистого сознания, это безмолвное пространство между мыслями, эта внутренняя неподвижность связывает вас с истинной силой. И когда вы сжимаете эту паузу, вы сужаете свою связь с полем чистых потенциальных возможностей и бесконечных творческих возможностей.

В *«Курсе чудес»** есть молитва, которая содержит слова: «Сегодня я не буду судить ни о чем,

---

* «Курс чудес», или «Курс в чудесах» (Англ. «Course in Miracles»), — книга (свод правил, молитв и практик), полученная посредством *ченнелинга* американской учительницей математики. Учение о самосовершенствовании, приобретающее все большую популярность в США, Европе и во всем мире. Дипак Чопра и многие другие учителя являются сторонниками

что произойдет»[*]. Не-суждение создает тишину в вашем разуме. Поэтому было бы очень хорошо начинать свой день с подобного заявления. И в течение дня напоминать себе об этом всякий раз, когда вы поймаете себя на желании судить или оценивать. Если заниматься этим весь день кажется слишком трудным, вы можете просто сказать себе: «В течение следующих двух часов я не буду ни о чем судить» или «В течение следующего часа я буду придерживаться не-суждения». Потом постепенно вы сможете увеличивать это время.

Практика безмолвия, медитация и не-суждение откроют вам доступ к первому закону, *Закону Чистой Потенциальности*. Когда вы начнете заниматься этим, вы можете добавить к своей практике четвертую составляющую, а именно — регу-

---

этого учения. Понемногу оно завоевывает популярность и у нас.

[*]   Для знающих английский: «Today I shall judge nothing that occurs», поскольку каждая ченнелинговая фраза из этой книги несет особую энергию. Очевидно, что при переводе часть этой энергии может быть утрачена.

лярное непосредственное общение с природой. Проводя время в общении с природой, вы сможете почувствовать гармоническое взаимодействие всех элементов и сил жизни, что даст вам ощущение единства со всей жизнью. Будь то ручей, лес, гора, озеро или берег моря, связь с разумом природы тоже окажет вам помощь в проникновении в поле чистой потенциальности.

Вы должны научиться приходить в соприкосновение с самой сокровенной частью своей сущности. Эта истинная сущность находится за пределами эго. Она лишена страха, она свободна, она нечувствительна к критике, ее не пугают никакие испытания. Она не хуже и не лучше никого другого, и она исполнена волшебства, тайн и очарования.

Доступ к вашей истинной сущности позволит вам также заглянуть в зеркало взаимоотношений, потому что любые отношения — это отражение ваших взаимоотношений с самим собой. Например, если вы испытываете страх, чувство вины и неуверенность относительно денег, успеха или чего бы то ни было еще, все это суть отражение вашего страха, чувства вины и неуверенности, которые являются основными особенностями вашей личности.

Никакое количество денег, никакой успех не разрешат этих основных проблем существования. Только близость с высшим Я принесет истинное исцеление. И когда вы будете исходить из знания своего истинного Я — когда вы действительно поймете свою истинную природу, — вы никогда не будете испытывать страха, чувства вины или неуверенности в денежных делах, в достижении изобилия, в удовлетворении своих желаний, ведь вы осознаете, что квинтэссенцией всех материальных благ является жизненная энергия, чистая потенциальность. Эти потенциальные возможности и есть ваша подлинная природа.

По мере того как вы будете получать все больше доступа к своей истинной природе, у вас спонтанно начнут возникать творческие мысли, потому что поле чистой потенциальности является также пространством бесконечных творческих возможностей и чистого сознания. Франц Кафка, австрийский писатель и философ, когда-то писал: «Вам не нужно покидать собственную комнату. Продолжайте сидеть за своим столом и слушать. Вам не нужно даже слушать, просто ждите. Вам не нужно даже ждать, просто учитесь спокойствию, неподвижности и уединению. И мир свободно предстанет перед вами в своем незамаскированном виде. У него не останется выбора: он в экстазе бросится к вашим ногам».

Все богатство Вселенной — щедрое проявление и изобилие Вселенной — является выражением творческого разума природы. Чем больше вы настроены на разум природы, тем доступнее вам ее бесконечность, ее безграничные творческие возможности. Но чтобы соединиться с этим щедрым, обильным, бесконечным творческим разумом природы, вы сначала должны выйти за пределы своего бурного внутреннего диалога. И тогда вы обеспечите себе возможность активной деятельности при одновременной неподвижности вечного, неограниченного, творческого разума. Это совершенное сочетание безмолвного, не-ограниченного, бесконечного разума с активным, ограниченным индивидуальным разумом обеспечивает совершенное равновесие неподвижности с движением, которое способно создать все, что вы пожелаете. Это сосуществование противоположностей — неподвижности и динамики в одно и то же время — делает вас независимым от ситуаций, обстоятельств, людей и вещей.

Когда вы спокойно признаете это совершенное сосуществование противоположностей, вы объединитесь с миром энергии — квантовым туманом, нематериальным не-веществом, которое является источником материального мира. Этот мир энергии текуч, динамичен, эластичен, изменяем, всегда в движении. И в то же время он неизменяем, неподвижен, спокоен, вечен и безмолвен.

Взятая отдельно неподвижность — потенциальная возможность творчества; взятое отдельно движение — это возможность творчества, ограниченная определенным аспектом своего выражения. Но сочетание движения и неподвижности дает вам возможность высвободить свои творческие способности во *всех* направлениях — куда бы ни привела вас сила вашего внимания.

Чем бы вы ни занимались среди движения и активности, сохраняйте внутреннюю неподвижность. Тогда хаотические движения вокруг вас никогда не будут мешать вашему доступу к резервуару творческих возможностей, к полю чистой потенциальности.

Применение Закона Чистой Потенциальности

Я хочу заставить работать *Закон Чистой Потенциальности*, взяв на себя обязательство предпринять следующие шаги:

1. Я буду соприкасаться с полем чистой потенциальности, проводя ежедневно некоторое время в молчании, я просто *Буду*. Кроме того, я буду заниматься безмолвной медитацией хотя бы дважды в день, примерно по тридцать минут утром и вечером.

2. Я буду каждый день находить время для общения с природой и молчаливого наблюдения разума всего живого. Я буду в полном молчании наблюдать заход солнца, слушать, что говорит океан или ручей, или просто

вдыхать аромат цветов. В экстазе собственного безмолвия и благодаря общению с природой я буду наслаждаться живой пульсацией веков, полем чистой потенциальности и неограниченных творческих возможностей.

3. Я буду практиковать не-суждение. Я буду начинать свой день с обязательства «Сегодня я не буду судить ни о чем происходящем» и в течение всего дня буду напоминать себе, что я не должен судить.

≈2≈

Закон Дарения

Действия Вселенной определяются динамикой обмена... дарение и получение — различные аспекты потока энергии во Вселенной.

И в своей готовности отдать то, чего мы добиваемся, мы поддерживаем изобилие Вселенной, распространяющееся на наши жизни.

*Этот хрупкий сосуд ты опорожняешь снова
и снова и всегда наполняешь его новой
жизнью. Эту маленькую флейту из
тростника ты проносишь над горами и
долами и играешь на ней вечно новые
мелодии... Твои бесконечные дары приходят
ко мне в эти совсем маленькие мои руки.
Проходят века, а ты продолжаешь его
заполнять и все еще остается место,
которое нужно заполнить.*

— Рабиндранат Тагор, «Гитаньяли»

Второй духовный закон успеха — это *Закон Дарения*. Этот закон можно было бы также назвать *Законом Отдавания и Получения*, потому что Вселенная функционирует благодаря динамике обмена. Нет ничего неподвижного. Ваше тело находится в вечном движении и совершает постоянный обмен с телом Вселенной; ваш разум динамически взаимодействует с космическим разумом; ваша энергия является выражением космической энергии.

Поток жизни — это не что иное, как гармоническое взаимодействие всех элементов и сил, которые образуют пространство существования. Это гармоническое взаимодействие элементов и сил в вашей жизни отражает *Закон Дарения*. Поскольку ваше тело и ваш разум находятся в состоянии постоянного динамического обмена со Вселенной, прекращение циркуляции энергии было бы подобно прекращению кровотока. Стоит потоку крови остановиться, как она начинает застаиваться и свертываться. Вот почему для поддержания в своей жизни богатства и изобилия — или чего бы вы ни пожелали еще — вы должны давать и получать.

Английское слово «affluence» — изобилие — происходит от слова «affluere», что означает «притекать». То есть «affluence» правильнее было бы переводить как «течение в изобилии», «обильный приток».

Деньги действительно являются символом жизненной энергии, которую мы обмениваем и которую мы используем в результате своего служения Вселенной. Другими словами, деньги — это «валюта», которая также отражает непрерывное движение энергии.

Таким образом, если мы остановим циркуляцию денег — если единственной нашей целью станет их накопление, — то, поскольку они являются жизненной энергией, мы остановим также приток энергии в свою жизнь. Для того чтобы поддерживать приток энергии, мы должны поддерживать ее циркуляцию. Деньги, подобно реке, должны постоянно течь, иначе они начинают застаиваться, становиться препятствием, задыхаться и подавлять свою собственную жизненную силу. Живыми и полными энергии их делает циркуляция.

Любые взаимоотношения — это отдавание и получение. Отдавание порождает получение, получение порождает отдавание. Все, что поднимается, должно опускаться; все, что уходит, должно вернуться. В действительности, получение — это то же, что дарение, потому что отдавание и получение — всего лишь различные аспекты потока энергии во Вселенной. И останавливая поток того или другого, вы мешаете работе разума Вселенной.

В каждом семени заложена возможность вырастить тысячи деревьев. Но семя не должно храниться, оно должно передать содержащуюся в нем информацию плодородному грунту. Благодаря тому, что оно отдает, его невидимая энергия находит материальное проявление.

Чем больше вы отдадите, тем больше вы получите, потому что вы будете поддерживать циркуляцию изобилия Вселенной в своей жизни. Фактически, все, что обладает ценностью, только умножается, когда вы отдаете это. То, что благодаря отдаче не умножается, не стоит ни отдавать, ни получать. Если вы чувствуете, что, отдавая, вы что-то теряете, значит, дарение не было настоящим и оно не приведет к росту. Если вы отдаете неохотно, за вашим даром нет никакой энергии.

Самое важное в вашем дарении и получении — это намерение. Намерение всегда должно заставлять дающего и получающего чувствовать себя счастливыми, потому что именно счастье поддерживает жизнь, а значит, и порождает рост. Возврат прямо пропорционален тому, что вы отдаете, если вы не ставите никаких условий и делаете это от всего сердца. Вот почему дарение должно быть радостным — одним из мест, где вы ощущаете радость *самого акта* дарения, должен быть ваш разум. Тогда энергия, которая стоит за актом дарения, многократно увеличится.

Применять на практике *Закон Дарения* на самом деле очень просто: если вы хотите получать радость, давайте радость другим; если вы хотите любви, научитесь дарить любовь; если вы хотите внимания и признания, научитесь отдавать внимание и признание; если вы хотите материального изобилия, помогайте его приобрести другим. В действительности, самый простой способ получить то, что вы хотите, — помочь другим получить то, что хотят они. Этот принцип одинаково работает как для отдельных людей, так и для корпораций, объединений и целых народов. Если вы хотите наслаждаться всем хорошим в жизни, научитесь молча благословлять каждого на все хорошее в жизни.

Даже сама мысль о дарении, мысль о благословении или *простая молитва* обладают силой, способной воздействовать на других. Это происходит потому, что наше тело, если свести его к его сущности, представляет собой локализованный сгусток энергии и информации во Вселенной энергии и информации. Мы — локализованные сгустки сознания в обладающей сознанием Вселенной. Слово «сознание» подразумевает больше, чем просто энергию и информацию, — оно подразумевает энергию и информацию, которые получают жизнь в виде мысли. Следовательно, мы — сгустки мысли в мыслящей Вселенной. И мысль обладает силой, которая преобразует.

Жизнь — вечный танец сознания, который выражается в динамическом обмене импульсами разума между микрокосмом и макрокосмом, между человеческим телом и телом Вселенной, между разумом человеческим и Разумом Космическим.

Когда вы научаетесь отдавать то, чего вы добиваетесь, вы активизируете танец и вносите в него свою хореографию, наполняя его совершенными, энергичными, полными жизни движениями, которые образуют вечное биение жизни.

Лучший способ заставить *Закон Дарения* работать (начать общий процесс циркуляции) — принять решение о том, что всякий раз, когда вы будете иметь с кем-нибудь дело, вы будете ему что-нибудь давать. Это не обязательно должно быть нечто материальное: это могут быть цветы, комплимент, молитва. На самом деле, самое значительное дарение — не то, которое выражается в чем-то материальном. Забота, внимание, расположение, признательность, любовь — самые ценные подарки, какие вы можете дать, и они ничего вам не будут стоить. Встретив кого-нибудь, вы можете молча послать ему благословение, пожелать ему счастья, радости и побольше смеха. Этот вид молчаливого дарения обладает очень большой силой.

Одна из полезных вещей, которым научили меня в детстве и которым я научил своих детей, — это никогда не приходить ни в чей дом с пустыми руками, никогда ни к кому не приходить без подарка. Вы можете сказать: «Как я могу давать другим, если в данный момент мне самому недостает?» Вы можете принести цветок. Один цветок. Вы можете принести записку или открытку, которые что-то скажут о ваших чувствах к тому человеку, к которому вы пришли. Вы можете принести комплимент. Вы можете принести молитву.

Примите решение давать, куда бы вы ни пошли, кого бы вы ни увидели. Чем больше вы даете, тем больше уверенности, благодаря чудесному действию этого закона, вы приобретаете. А когда вы больше получаете, ваша способность больше давать также возрастает.

Наша истинная природа — это богатство и изобилие, мы богаты от природы, потому что природа поддерживает всякую нашу потребность и желание. Мы ничего не теряем, потому что наша сущность — чистая потенциальность и бесконечные возможности. Поэтому вы должны знать, что вы богаты от природы, независимо от того, как много или как мало у вас денег, потому что источник всего богатства — поле чистой потенциальности, сознание, которое знает, как удовлетворить любую потребность, включая потребность в радости, любви, смехе, покое, гармонии и знаниях. Если вы прежде всего ищете именно этого — не только для себя, но и для других, — все остальное придет к вам спонтанно.

Применение Закона Дарения

Я хочу заставить работать *Закон Дарения*, взяв на себя обязательство предпринять следующие шаги:

1. Куда бы я ни пошел и кого бы я ни встретил, я всегда буду приносить с собой подарок. Подарком может быть комплимент, цветок или молитва. С сегодняшнего дня я буду что-нибудь давать каждому, с кем буду соприкасаться, и таким образом я положу начало процессу распространения радости, богатства и изобилия в моей жизни и в жизни других людей.

2. С сегодняшнего дня я буду с благодарностью принимать все дары, которые предлагает

мне жизнь. Я буду получать то, что дарит мне природа: свет солнца и пение птиц, весенние ливни и первый зимний снег. Я буду открыт тому, чтобы получать то, что дают мне другие, — будь то вещь, деньги, комплимент или молитва.

3. Я принимаю обязательство поддерживать циркуляцию богатства в своей жизни, давая и получая самые ценные дары, которые дает мне жизнь: дары заботы, расположения, признательности и любви. Всякий раз, встречаясь с людьми, я буду молча желать им счастья, радости и побольше поводов для смеха.

≈3≈

Закон «Кармы», или Закон Причины и Следствия

Каждое действие порождает силу энергии,
которая возвращается к нам в виде подобной
силы...
что посеешь, то и пожнешь.

И когда мы выбираем действия, которые
приносят
счастье и успех другим,
наша карма приносит нам плоды счастья и
успеха.

Карма — это вечное утверждение человеческой свободы... Наши мысли, наши слова и дела — это нити сети, которую мы разбрасываем вокруг себя.

— Свами Вивекананда

Третий духовный закон успеха — это *Закон Кармы*. «Карма» — это как действие, так и то, что из него следует; это причина и следствие одновременно, потому что каждое действие порождает силу энергии, которая возвращается к нам в виде подобной силы. В *Законе Кармы* нет для нас ничего нового. Каждому приходилось слышать выражение: «Что посеешь, то и пожнешь». Вполне очевидно, что, если мы хотим, чтобы наша жизнь была счастливой, мы должны научиться сеять семена счастья. Следовательно, карма предполагает действие сознательного выбора.

На самом деле, мы с вами делаем выбор постоянно. В любой миг своего существования мы находимся в этом поле всех возможностей, где для нас открыт доступ к бесконечности выборов. Одни из этих выборов мы делаем сознательно, другие — бессознательно. Но самый лучший способ понять и максимально использовать кармический закон — подойти к своему выбору сознательно, осознавать всякий выбор, который мы совершаем в каждое мгновение своей жизни.

Нравится вам это или нет, все, что происходит в данный момент, является результатом всех тех выборов, которые вы делали в прошлом. К сожалению, очень многие из нас делают свой выбор бессознательно, и поэтому мы не считаем это выбором — и тем не менее это так.

Если бы я вас оскорбил, вы скорее всего сделали бы выбор быть обиженным. Если я скажу вам комплимент, вы сделаете выбор испытывать удовольствие или чувствовать себя польщенным. Но задумайтесь над этим: это всего лишь выбор.

Я могу обидеть вас, оскорбить вас, и вы можете сделать выбор не чувствовать себя обиженным. Я могу сказать вам что-нибудь приятное, а вы сделаете выбор не принимать моей похвалы.

Другими словами, большинство из нас — даже несмотря на то что мы делаем бесконечное количество выборов — превращаются в сгустки условных рефлексов, которые постоянно включаются людьми и обстоятельствами, становясь предсказуемыми особенностями поведения. Эти рефлексы подобны условным рефлексам, открытым Павловым. Павлов продемонстрировал: если вы, давая собаке корм, всякий раз звоните в колокольчик, вскоре у собаки начинает выделяться слюна, когда вы просто звоните в колокольчик, потому что оба стимула оказываются взаимосвязанными.

Большинство из нас в результате обусловленности приобретают постоянно повторяющиеся предсказуемые реакции на стимулы, действующие в нашем окружении. Создается впечатление, что наши реакции автоматически включаются людьми и обстоятельствами, и мы забываем, что это всего лишь выбор, который мы делаем в каждый миг своего существования. Просто мы делаем этот выбор бессознательно.

Если вы на мгновение отступите в сторону и понаблюдаете за выбором, который вы делаете, то просто благодаря самому этому акту наблюдения вы переместите весь этот процесс из царства бессознательного в царство сознательного. Этот процесс сознательного выбора и наблюдения значительно расширяет ваши возможности.

Делая выбор — вообще любой выбор, — задайте себе два вопроса. Прежде всего: «Каковы будут последствия того выбора, который я собираюсь сделать?» В душе вы сразу же будете знать, какими они будут. И второе: «Принесет ли тот выбор, который я сейчас сделаю, счастье мне и тем, кто рядом со мной?» Если ответом будет «да», значит, следуйте своему выбору. Если ответом будет «нет», если ваш выбор причинит боль вам или тем, кто рядом с вами, вы не должны принимать этот выбор. Все очень просто.

всего множества выборов, которые
ставит вам каждая секунда вашего сущест-
вания, есть только один, который принесет
счастье вам и тем, кто вас окружает. И если вы
сделаете этот единственный выбор, он выльется
в виде поступка, который называют *спонтанным
правильным действием*. Спонтанное правильное
действие — это правильное действие в правильный момент. Это правильная реакция на каждую
ситуацию именно тогда, когда она имеет место.
Это действие, которое питает вас и любого другого, на кого это действие оказывает влияние.

Существует очень интересный механизм, который предоставляет вам Вселенная, чтобы помочь делать спонтанно правильный выбор. Этот
механизм связан с ощущениями вашего тела. Ваше тело может испытывать два вида ощущений:
ощущения комфорта или ощущения дискомфорта. В тот момент, когда вы сознательно делаете
выбор, обратите внимание на свое тело и задайте
ему вопрос: «Если я сделаю такой-то выбор, что
произойдет?» Если ваше тело посылает сообщение о комфорте, значит, это правильный выбор.

Если тело посылает сообщение о дискомфорте, это не тот выбор, который нужен.

Некоторые люди воспринимают ощущения комфорта и дискомфорта той областью, где у них находится солнечное сплетение, но большинство людей воспринимают их областью сердца. Сознательно переведите свое внимание на область сердца и спросите у своего сердца, как вам поступить. После этого ждите ответа — физической реакции в виде определенного ощущения. Это может быть *самый слабый* уровень ощущений, но они здесь, в вашем теле.

Только сердце знает правильный ответ. Большинство считает сердце слабым и сентиментальным. Но это не так. Сердце обладает интуицией, оно целостно, оно контекстуально, оно соотнесено с моментом. У него нет ориентации на победу-поражение. Оно подсоединено к космическому компьютеру — полю чистой потенциальности, чистого знания и безграничной организующей силы — и все принимает в расчет. Временами оно даже может казаться нерациональным, но сердце обладает вычислительными способностями, которые обеспечивают значительно более высокую точность, чем та, которая доступна рациональному мышлению.

Вы можете использовать *Закон Кармы* для создания денег, богатства и всех прочих благ всегда, когда захотите. Но сначала вы должны полностью осознать, что ваше будущее определяется тем выбором, который вы делаете в каждый миг своей жизни. Если вы делаете это постоянно, значит, вы полностью используете *Закон Кармы*. Чем чаще вы будете поднимать свой выбор на уровень полного осознания, тем чаще вы будете спонтанно делать правильный выбор — как для себя, так и для окружающих.

🌿 🌿 🌿

Что можно сказать о прошлой карме и о том, какое влияние она оказывает теперь? Существует три вещи, которые вы можете сделать со своей прошлой кармой. Одна — заплатить свои кармические долги. Большинство людей выбирают сделать это — конечно, бессознательно. Это может быть также и вашим выбором. Иногда оплата этих долгов сопровождается множеством страданий, но, согласно *Закону Кармы*, никакие долги никогда не остаются неоплаченными во Вселенной. Вселенная обладает совершенной системой учета, и все в ней — постоянный обмен энергией «туда и обратно».

Второе, что вы можете сделать, это преобразовать свою карму в более желательные переживания. Это очень интересный процесс, когда вы, заплатив свой кармический долг, задаете себе вопрос: «Чему это может меня научить? Почему это произошло и что мне хочет сообщить Вселенная? Каким образом я могу сделать этот опыт полезным для таких же человеческих существ, как и я?»

Сделав это, вы ищете росток благоприятной возможности и потом связываете этот росток со своей *дхармой*, своим назначением в жизни, о котором мы будем говорить при обсуждении седьмого духовного закона успеха. Это позволит вам найти для своей кармы новое выражение.

Например, если вы, занимаясь спортом, сломали ногу, вы можете спросить: «Чему меня это может научить? Какое послание передает мне таким образом Вселенная?» Может быть, смысл сообщения в том, что вы должны снизить темп и в следующий раз быть более внимательным к своему телу. А если ваша *дхарма* — научить других тому, что вы знаете, то, задав вопрос «Каким образом я могу сделать этот опыт полезным для таких же человеческих существ, как я?», вы можете принять решение поделиться тем, чему вы научились, написав книгу о необходимости соблюдать безопасность при занятиях спортом. Или же вы можете разработать специальные ботинки или крепления, которые помогут избежать подобных травм.

Таким образом, платя свой кармический долг, вы одновременно преобразуете «превратности судьбы» в преимущества, которые смогут принести вам богатство и удовлетворение. Это есть превращение вашей кармы в положительное переживание. Вы на самом деле не избавляетесь от своей кармы, но получаете возможность взять кармический эпизод и создать из него новую положительную карму.

Третий способ обращения с кармой — выход за ее пределы. Выйти за пределы кармы — значит стать от нее независимым. Способ выхода за пределы кармы — продолжать испытывать паузу, свое Я, Дух. Это подобно стирке грязной одежды в ручье. Всякий раз, когда вы ее погружаете в воду, вы смываете несколько пятен. Всякий раз, когда вы это делаете, ваша одежда становится немного чище. Вы стираете — или выходите за пределы своей кармы — входя в паузу и опять возвращаясь обратно. Это, конечно, достигается с помощью медитации.

Все действия представляют собой кармические эпизоды. Когда вы пьете кофе — это кармический эпизод. Это действие пробуждает память, а память обладает способностью, или потенциальной возможностью, рождать желание. Желание опять порождает действие. Системное программное обеспечение вашей души состоит из кармы, памяти и желания. Ваша душа — это сгусток сознания, который содержит ростки кармы, памяти и желания. Сознательно относясь к этим росткам проявления, вы становитесь сознательным генератором действительности. Сознательно делая выбор, вы начинаете производить действия, которые способствуют развитию вашему собственному и всех, кто вас окружает. И это все, что вам нужно делать.

Пока карма эволюционирует — для вашего Я и для всех, на кого оно оказывает влияние, — плоды, которые она приносит, это счастье и успех.

Применение Закона «Кармы», или Закона Причины и Следствия

Я хочу заставить работать *Закон Кармы*, взяв на себя обязательство предпринять следующие шаги:

1. Сегодня я буду следить за тем выбором, который я делаю каждое мгновение. И одно только наблюдение за этим выбором позволит мне переносить это действие в свое полное осознание. Я знаю, что наилучший способ подготовиться к любому мгновению в будущем — полностью осознавать настоящее.

2. Всякий раз, когда я буду делать свой выбор, я буду задавать себе два вопроса: «Какими будут последствия сделанного мною выбо-

ра?» и «Принесет ли этот выбор удовлетворение и счастье мне и тем, на кого он окажет влияние?».

3. После этого я буду обращаться к своему сердцу и руководствоваться его сообщениями о комфорте и дискомфорте. Если выбор вызывает чувство комфорта, я буду продолжать движение вперед со всей энергией. Если выбор вызывает чувство дискомфорта, я сделаю паузу и посмотрю на последствия своего выбора внутренним зрением. Руководствуясь сообщениями своего сердца, я смогу делать спонтанно правильный выбор для себя и всех тех, кто меня окружает.

Закон Наименьшего Усилия

Разум природы работает легко, без всяких усилий... беззаботно, гармонично и с любовью.

И когда нам становятся подвластными силы гармонии, радости и любви, мы добиваемся успеха и удачи легко и без всяких усилий.

Целостное существо знает, не изучая, видит, не глядя, и достигает, не делая.

— *Лао-цзы*

Четвертый духовный закон успеха — это *Закон Наименьшего Усилия*. Этот закон основан на том, что разум природы работает легко, без усилий и без забот. Это принцип наименьшего действия, отсутствия сопротивления, а значит, это принцип гармонии и любви. Выучив этот урок, который преподносит нам природа, мы сможем легко удовлетворять свои желания.

Если вы понаблюдаете за тем, как работает природа, то увидите, что она всегда тратит минимум усилий. Трава растет, не делая попыток расти, — она просто растет. Рыба не пытается плавать — она просто плавает. Цветы не пытаются цвести, они цветут. Птицы не пытаются летать, они летают. Это их подлинная природа. Земля не пытается вращаться вокруг своей оси, это в природе Земли — вращаться с головокружительной скоростью, проносясь через космическое пространство. Это в природе младенца — пребывать в блаженстве. Это в природе Солнца — светить. Это в природе звезд — сиять и блистать. И в природе человека — облекать свои мечты в физическую форму, легко и без усилий.

В ведическом учении, философии Древней Индии, этот принцип известен как принцип экономии усилий, или «делать меньше и совершать больше». В конце концов вы достигаете такого состояния, когда не делаете ничего и совершаете все. Это означает, что достаточно просто слабого представления — и проявление этого представления осуществляется без всяких усилий. То, что обычно называют «чудом», — это просто выражение *Закона Наименьшего Усилия*.

Разум природы работает без усилий, без трения, спонтанно. Он нелинеен, целостен, он основан на интуиции, и он дает нам пищу. И когда вы живете в гармонии с природой, когда вы укрепляетесь в знании своего истинного Я, вы можете использовать *Закон Наименьшего Усилия*.

Наименьшее усилие тратится тогда, когда вы в своих действиях движимы любовью, потому что все в природе объединяет энергия любви. Когда вы ищете власти и возможности управлять другими людьми, вы растрачиваете свою энергию. Даже когда вы добиваетесь денег и власти ради своего эго, вы тратите энергию в погоне за иллюзией счастья вместо того, чтобы наслаждаться счастьем настоящего момента. Если вы ищете денег только ради личной выгоды, вы перекрываете поток энергии к себе и мешаете выражению разума природы. Но когда вашими действиями движет любовь, не может быть зря растраченной энергии. Когда вашими действиями движет любовь, ваша энергия накапливается и умножается, — и та избыточная энергия, которую вы накопили, может быть направлена на создание всего, что вы захотите, включая неограниченное богатство.

Вы можете рассматривать свое физическое тело как устройство для управления энергией: оно может генерировать, хранить и использовать ее. Если вы знаете, как эффективно генерировать, хранить и расходовать энергию, вы можете создать любое богатство. Забота о своем эго требует огромного количества энергии. Если ваша внутренняя точка отсчета — ваше эго, если вы ищете власти над другими людьми или их одобрения, вы расточительно расходуете энергию.

Когда эта энергия освобождается, ее можно направить совсем в другое русло и использовать для создания всего, что вы пожелаете. Когда ваша внутренняя точка отсчета — ваш дух, когда вы невосприимчивы к тому, что о вас говорят, и не боитесь никаких испытаний, вы можете овладеть силой любви и использовать энергию творчески для достижения изобилия и развития.

В *«Искусстве сновидения»** дон Хуан говорит Карлосу Кастанеде: «...большая часть нашей

---

*   Карлос Кастанеда, т.9. «Искусство сновидения». «София», Киев, 1993 г.

энергии уходит на поддержание чувства собственной важности... Если бы мы смогли избавиться хотя бы от части этого чувства, с нами произошли бы две удивительные вещи. Во-первых, мы освободили бы свою энергию от попыток поддерживать иллюзорное представление о собственном величии, и, во-вторых, мы обеспечили бы себе достаточно энергии, чтобы... заметить проблеск истинного величия Вселенной».

Есть три составляющих *Закона Наименьшего Усилия* — три вещи, которые вы должны сделать, чтобы этот принцип «делать меньше и совершать больше» начал работать.

Первая составляющая — это ***приятие***.

Приятие просто означает, что вы берете на себя обязательство: «Сегодня я буду принимать людей, ситуации, обстоятельства и события такими, каковы они есть». Это означает, что я знаю, что *данное мгновение таково, каким оно должно быть*, потому что вся Вселенная такая, каковой она должна быть. Данное мгновение — то, которое вы переживаете именно сейчас, — кульминация всех мгновений, которые вы пережили в прошлом. Это мгновение такое, какое оно есть, потому что вся Вселенная такая, какая она есть.

Когда вы ведете борьбу с настоящим мгновением, вы на самом деле ведете борьбу со всей Вселенной. Вместо этого вы должны принять решение с сегодняшнего дня перестать бороться со всей Вселенной, сопротивляясь настоящему мгновению. Это означает, что ваше *приятие* настоящего мгновения полное и абсолютное. Вы принимаете вещи такими, как они *есть*, а не такими, какими вы хотели бы их видеть в данное мгновение. Важно это понять. Вы можете *хотеть*, чтобы что-то изменилось в будущем, но в *данное* мгновение вы должны принимать все таким, каково оно есть.

Когда вы разочарованы или расстроены каким-то человеком или ситуацией, помните, что вы реагируете не на человека или ситуацию, а на те чувства, которые вызывает у вас этот человек или ситуация. Это *ваш* выбор, *ваши* чувства, и в вашем выборе не может быть виноват кто-то другой. Когда вы полностью это осознаете и поймете, вы будете готовы взять на себя ответственность за свои чувства и изменить их. И если вы сможете принимать вещи такими, каковы они есть, вы будете готовы взять на себя ответственность за возникающие в вашей жизни ситуации и за все события, в которых вы видите какие-то проблемы.

Это подводит нас ко второй составляющей *Закона Наименьшего Усилия*: **ответственности**.

Что означает ответственность? *Нести ответственность* означает не винить ни за какие ситуации ничто и никого, в том числе и себя. Когда вы принимаете это обстоятельство, это событие, эту проблему, ответственность означает *способность* к творческой *реакции* на эту ситуацию, на такую, *какой она есть теперь*. Любая проблема содержит в себе ростки благоприятной возможности, и осознание этого позволяет вам принимать момент таким, как он есть, и преобразовывать его во что-то лучшее.

Когда вы это делаете, любая так называемая расстраивающая ситуация превращается в благоприятную возможность для создания чего-то нового и прекрасного и всякий так называемый мучитель или деспот становится вашим *учителем*.

Действительность — это интерпретация. И если вы выбираете интерпретировать действительность таким образом, вокруг вас появляется много учителей и много благоприятных возможностей для развития.

Когда бы вы ни столкнулись с мучителем, деспотом, учителем, другом или врагом (все они одно и то же), напомните себе: «Это мгновение таково, каким оно должно быть». Какие бы взаимоотношения вы ни привлекали в своей жизни в данный момент, они точно такие, в каких вы в данный момент нуждаетесь. За всеми событиями стоит скрытый смысл, и этот смысл служит вашему собственному развитию.

Третья составляющая *Закона Наименьшего Усилия* — ***открытость***, что означает, что ваше осознание принимает открытость и вы отказываетесь от необходимости убеждать или склонять других людей к своей точке зрения. Если вы понаблюдаете за теми, кто вас окружает, то увидите, что люди тратят девяносто девять процентов своего времени, отстаивая свою точку зрения. Если вы просто откажетесь от необходимости отстаивать свою точку зрения, вы получите доступ к огромному количеству энергии, которая до этого растрачивалась попусту.

Когда вы защищаетесь, обвиняете других, не принимаете и не идете на уступку моменту, ваша жизнь встречает сопротивление. Постарайтесь понять, что всякий раз, когда вы, встретив сопротивление, форсируете ситуацию, сопротивление только возрастает. Вы не должны оставаться твердым, как мощный дуб, который трескается и погибает во время бури. Вы должны быть гиб-

---

* Англ. *«Defenselessness»* — открытость, неагрессивность, незащищенность, необороняемость, беззащитность, отсутствие сопротивления, уязвимость и т. д.

ким, подобно тростнику, который гнется вместе с ветром и выживает.

Полностью воздержитесь от защиты своей точки зрения. Когда нечего будет защищать, вы не позволите возникнуть никакому спору. Если вы будете действовать последовательно — если вы прекратите борьбу и сопротивление, — вы окажетесь полностью в настоящем, а это бесценный подарок. Кто-то однажды сказал мне: «Прошлое принадлежит истории, будущее — это тайна, а это мгновение — подарок. Вот почему это мгновение называется "настоящим"».

Если вы воспримете настоящее и станете с ним одним целым, если вы сольетесь с ним, вы ощутите воодушевление, энтузиазм, проблески экстаза, присущие любому наделенному сознанием существу. Если вы начнете ощущать это торжество духа во всем живущем, если вы почувствуете близость с ним, вас заполнит радость и вы сбросите тяжкую ношу и обузу отстаивания своей точки зрения, возмущения и обид. Только тогда вы приобретете беззаботность, радость и свободу.

И испытывая эту радостную, простую свободу, вы абсолютно точно будете знать, что вам доступно все, чего бы вы ни пожелали, потому что ваше желание возникло на уровне счастья, а не на уровне беспокойства и страха. Вы не нуждаетесь в подтверждениях, вы просто заявляете себе о своем *намерении*, и вы испытываете удовлетворение, наслаждение, радость, свободу и независимость в каждое мгновение своей жизни.

Возьмите на себя обязательство следовать по пути, не оказывая сопротивления. Это путь, на котором разум природы раскрывается спонтанно, без трения и усилий. Когда вы обладаете совершенным сочетанием приятия, ответственности и открытости, жизнь протекает легко и без усилий.

Когда вы открыты всем точкам зрения — вместо того чтобы жестко придерживаться одной, — ваши мечты и желания всегда совпадают с желаниями природы. Тогда вы можете отпустить свои намерения, без всякой привязанности, и просто дожидаться подходящего времени, когда ваши желания превратятся в реальность. Вы можете быть уверены, что, когда время будет подходящим, ваши желания воплотятся в жизнь. Это и есть *Закон Наименьшего Усилия*.

Применение Закона Наименьшего Усилия

Я хочу заставить работать *Закон Наименъшего Усилия*, взяв на себя обязательство предпринять следующие шаги:

1. Я буду придерживаться *приятия*. С сегодняшнего дня я буду принимать людей, ситуации, обстоятельства и события такими, каковы они есть. Я знаю, что *это мгновение таково, каким оно должно быть*, потому что вся Вселенная такая, какой она должна быть. Я не буду вести борьбы со всей Вселенной, борясь с настоящим мгновением. Мое приятие общее и полное. Я принимаю все таким, каким оно является в этот миг, а не таким, каким я хотел бы его видеть.

2. Принимая вещи такими, как они есть, я беру на себя *ответственность* за свой выбор и за все те события, в которых я вижу проблемы. Я знаю, что взять на себя ответственность — значит перестать обвинять в сложившихся ситуациях кого бы то ни было (включая самого себя). Я также знаю, что любая проблема — это скрытая благоприятная возможность, и эта готовность всегда увидеть благоприятную возможность позволяет мне использовать все преимущества этого мгновения.

3. С сегодняшнего дня мое осознание будет придерживаться открытости. Я откажусь от потребности защищать свою точку зрения. У меня нет потребности убеждать других в правильности моей точки зрения. Я буду открыт всем точкам зрения вместо того, чтобы твердо держаться за любую из них.

Закон Намерения и Желания

В каждом намерении и желании содержится механизм их удовлетворения... намерение и желание в поле чистой потенциальности обладают бесконечной организующей силой.

И когда мы вводим намерение в плодородный грунт чистой потенциальности, мы заставляем эту бесконечную организующую силу работать на нас.

Вначале было желание, которое явилось
первым ростком разума; мудрецы,
медитируя в своем сердце, открыли
благодаря своей мудрости связь между
существующим и несуществующим.

— *Гимн Творения, Ригведа*

Пятый духовный закон успеха — это *Закон Намерения и Желания.*

Этот закон основан на том, что энергия и информация существуют повсюду. Фактически, уровень квантового поля — это не что иное, как энергия и информация. Квантовое поле — это просто другое название поля чистого сознания и чистой потенциальности. И на это квантовое поле воздействуют *намерение* и *желание.*

Давайте рассмотрим этот процесс подробнее.

Цветок, радуга, дерево, стебелек травы, человеческое тело — если разложить их на составляющие — представляют собой энергию и информацию. Вся Вселенная по своей сущности является *движением* энергии и информации. Единственная разница между вами и деревом — в той информации и энергии, которую содержат ваши тела.

На материальном уровне и вы, и дерево состоите из тех же рециркулирующих элементов: в основном, из углерода, водорода, кислорода, азота, а также небольших количеств других элементов. Все эти вещества вы можете купить в хозяйственном магазине за пару долларов. Следовательно, разница между вами и деревом не в водороде, углероде или кислороде. По существу, вы с деревом постоянно обмениваетесь своим углеродом и кислородом. На самом деле, разница между вами — это разница в энергии и информации.

По замыслу природы мы с вами — привилегированный вид. Мы обладаем нервной системой, способной *осознавать* энергетическое и информационное содержимое того локализованного поля, которое обеспечивает рост нашего физического тела. Мы субъективно узнаем это поле *на опыте* как свои мысли, чувства, эмоции, желания, воспоминания, инстинкты, намерения и убеждения. Объективно это же поле воспринимается как физическое тело, — и с помощью физического тела мы познаем это поле как мир. Но все это одно и то же. Вот почему древние мудрецы утверждали: «Я есть это, ты есть это, всё есть это, и это есть всё, что существует».

Ваше тело не отделено от тела Вселенной, потому что на квантово-механическом уровне не существует четко определенных границ. Вы подобны волне, покачиванию, флуктуации, витку, водовороту, локальному возмущению квантового поля больших размеров. Квантовое поле больших размеров — Вселенная — это продолжение вашего тела.

Нервная система человека способна не только осознавать энергию и информацию нашего собственного квантового поля. Эта удивительная нервная система дает человеческому сознанию возможность бесконечной гибкости, благодаря которой вы можете сознательно изменять информационное содержание, являющееся источником вашего физического тела. Вы можете сознательно изменять энергетическое и информационное содержание своего *собственного* квантово-механического тела, и следовательно, влиять на энергетическое и информационное содержание продолжения своего тела — своего окружения, своего мира — и заставлять вещи проявляться в нем.

Причиной этого сознательного изменения служат два качества, присущие сознанию: *внимание и намерение. Внимание* обеспечивает энергией, *намерение* преобразует. Все, на что вы направляете свое внимание, приобретает в вашей жизни большую силу. Все, что вы лишаете своего внимания, блекнет, разрушается и исчезает. С другой стороны, намерение является пусковым механизмом для преобразования энергии и информации. *Намерение* организует свое собственное осуществление.

Качество *намерения*, направленного на объект *внимания*, организует бесконечность пространственно-временных событий, которые приводят к намеченному результату, при условии, что вы следуете всем остальным духовным законам успеха. Это происходит потому, что *намерение*, попавшее на плодородную почву *внимания*, является безграничной организующей силой. Бесконечная организующая сила — это сила, способная организовать бесчисленное множество пространственно-временных событий, всех в одно и то же время. Выражение этой бесконечной организующей силы мы видим в каждом стебельке травы, в каждом цветке яблони, в каждой клетке нашего тела. Мы видим его во всем, в чем есть жизнь.

По замыслу природы, все в ней взаимосвязано. Лесной сурок выберется из-под земли, — и вы знаете, что это произойдет весной. Птица в определенное время года начинает свой перелет в определенном направлении. Природа — это симфония. И эта симфония была безмолвно оркестрирована в самом начале творения.

Человеческое тело — еще один замечательный пример этой симфонии. Одна клетка человеческого тела совершает около шести триллионов действий в секунду, и она должна знать, что делают в это же время все остальные клетки. Человеческое тело может исполнять музыку, убивать микробов, вынашивать младенца, декламировать стихи и следить за движением звезд в одно и то же время, потому что поле бесконечной корреляции является частью его информационного поля.

Замечательным в нервной системе человека является то, что она может управлять этой бесконечной организующей силой с помощью сознательного намерения. Человеческое намерение не фиксировано, не заключено в жесткую сетку энергии и информации. Оно обладает бесконечной гибкостью. Другими словами, пока вы не нарушаете остальных законов природы, с помощью своего *намерения* вы можете в буквальном смысле слова управлять законами природы, заставляя их удовлетворять ваши мечты и желания.

Вы можете заставить космический компьютер с его бесконечной организующей силой работать на себя. Вы можете обратиться к этой основе творения и ввести в нее свое *намерение* и просто *намереванием* активизировать поле бесконечной корреляции.

Намерение закладывает основу не требующего усилий, спонтанного, лишенного трения потока чистой потенциальности, занятого поиском выражения непроявленного в проявленном. Единственная предосторожность состоит в том, что свое *намерение* вы должны использовать на благо человечества. Это происходит спонтанно, когда вы ориентированы на Семь Духовных Законов Успеха.

Намерение — это реальная сила, которая стоит за желанием. Само намерение обладает большой мощью, потому что намерение — это желание, в котором отсутствует привязанность к результату. Одно только желание не обладает силой, потому что для большинства людей желание

— это внимание вкупе с привязанностью. *Намерение* — это желание со строгим соблюдением всех остальных законов, но особенно *Закона Непривязанности*, Шестого Духовного Закона Успеха.

Намерение в сочетании с непривязанностью ведет к осознанию настоящего мгновения, сконцентрированного на самом важном. А когда действие осуществляется в осознании настоящего мгновения, оно наиболее эффективно. Ваше *намерение* направлено в будущее, но ваше *внимание* находится в настоящем.

До тех пор пока ваше внимание в настоящем, ваше *намерение*, касающееся будущего, осуществляется, потому что ваше будущее создается в настоящем. Вы должны принимать настоящее таким, каково оно есть. Принимать настоящее и *намеревать* будущее. Будущее — это то, что вы всегда можете создать с помощью беспристрастного *намерения*, но вы никогда не должны вести борьбу с настоящим.

Прошлое, настоящее и будущее — все это свойства сознания. Прошлое — это воспоминания, память; будущее — предвосхищение; настоящее — осознание. Следовательно, время — это движение мысли. Как прошлое, так и будущее рождаются в вашем воображении; только настоящее, которое представляет собой осознание, реально и вечно. Оно есть. Оно — это потенциальные возможности для пространства и времени, материи и энергии. Это вечное поле возможностей, которые выражаются в виде абстрактных сил, будь то свет, тепло, электроэнергия, магнетизм или сила тяжести. Эти силы не в прошлом и не в будущем. Они просто есть.

Наше восприятие конкретного явления или формы — это наша интерпретация этих абстрактных сил. Вспоминаемые нами интерпретации абстрактных сил создают переживания прошлого, предвкушаемые интерпретации тех же абстрактных сил создают будущее. Это качества *внимания* в нашем сознании. Когда эти качества освобождены от бремени прошлого, действие в настоящем образует плодородную почву для создания будущего.

Намерение, брошенное в почву этой беспристрастной свободы настоящего, служит катализатором, благодаря которому соответствующая смесь материи, энергии и пространственно-временных событий создаст все, что вы пожелаете.

Если вы обладаете осознанием настоящего мгновения, сконцентрированным на самом важном, все воображаемые препятствия — каковыми на самом деле являются больше девяноста процентов ощущаемых препятствий — уничтожаются и исчезают. Оставшиеся пять-десять процентов препятствий с помощью точно направленного *намерения* можно превратить в благоприятные возможности.

Точно направленное *намерение* — это качество *внимания* неослабно фиксироваться на цели. Точно направленное *намерение* означает настолько неослабное удержание *внимания* на намеченном результате, что вы полностью отказываетесь позволять препятствиям разрушать и рассеивать концентрацию вашего внимания. Это полное и абсолютное исключение всех препятствий из своего сознания. Вы можете сохранять непоколебимое спокойствие, со всей страстью посвятив себя своей цели. Это сила одновременного действия непривязанного осознания и точно направленного, сфокусированного *намерения*.

Научитесь обуздывать силу *намерения*, и вы сможете создавать все, что пожелаете. Вы можете добиться результата также с помощью усилий и попыток, но за это приходится платить. А платой служат стрессы, сердечные приступы и нарушение функций иммунной системы. Куда лучше выполнять следующие пять требований *Закона Намерения и Желания*. Когда вы для удовлетворения своих желаний следуете этим требованиям, *намерение* создает свою собственную силу.

1. Медленно войдите в «паузу». Это означает сосредоточить свое внимание в этом безмолвном пространстве между мыслями, войти в молчание — тот уровень Бытия, который и есть ваше основное состояние.

2. Упрочившись в этом состоянии Бытия, осознайте свои намерения и желания. Когда вы действительно находитесь в «паузе», не существует мыслей, не существует намерений, но когда вы выходите из паузы — в момент соединения паузы и мысли — вы вводите *намерение*. Если у вас имеется ряд целей, вы можете их записать и сосредоточить на них свое *намерение* перед вхождением в паузу. Если, например, вы хотите успеха в своей карьере, вы входите в паузу с этим *намерением*, и *намерение* уже будет там в виде слабых проблесков в вашем осознании. Осознать свои намерения и желания, находясь в паузе, означает внедрить их в плодородную почву чистой потенциальности и ждать, чтобы они расцвели в нужное время. Вы не должны выкапывать посеянные семена желаний, чтобы увидеть, как появляются ростки, или придерживаться прочной привязанности к тому, как они должны раскрыться. Вы просто должны предоставить им свободу.

3. Оставайтесь в состоянии соотнесенности с собой. Это означает, что вы должны прочно удерживать осознание своего истинного Я — своего духа, своей связи с полем чистой потенциальности. Это также означает не смотреть на себя глазами внешнего мира, не допускать, чтобы на вас оказывали влияние мнения и критика со стороны. Для того чтобы поддерживать это состояние соотнесенности с собой, очень полезно хранить свои желания про себя, не делиться ими ни с кем, если эти люди не будут разделять точно такие же желания и не будут тесно связаны с вами.

4. Откажитесь от своей привязанности к результату. Это означает отказаться от жесткой привязанности к конкретному результату и пребывать в мудрости неопределенности. Это означает наслаждаться каждым мгновением путешествия, которым является ваша жизнь, даже если вы не знаете результата.

5. Предоставьте Вселенной распоряжаться подробностями. Ваши намерения и желания, когда вы осознаете их в «паузе», обладают бесконечной организующей силой. Положитесь на эту бесконечную организующую силу *намерения*, и она организует все мелкие детали.

Помните, что ваша истинная природа — это природа чистого духа. За что бы вы ни взялись, несите сознание своего духа, легко отпускайте свои желания, и Вселенная сама справится с деталями.

Применение Закона Намерения и Желания

Я хочу заставить работать *Закон Намерения и Желания*, взяв на себя обязательство предпринять следующие шаги:

1. Я составлю список всех своих желаний. Куда бы я ни шел, я буду носить этот список с собой. Прежде чем войти в безмолвие и медитацию, я буду заглядывать в этот список. Я буду заглядывать в него вечером, отправляясь спать. Я буду заглядывать в него утром, как только проснусь.

2. Я отпущу все эти свои желания и предоставлю их источнику творения, понимая, что, если что-то происходит не так, как, мне кажется, оно должно происходить, на это есть при-

чина и что космические планы еще гранди-
ознее, чем те, что строил я.

3. Я буду напоминать себе о необходимости
сохранять осознание настоящего мгновения
во всех своих действиях. Я перестану позволять препятствиям разрушать и рассеивать
качество моего внимания в настоящее мгновение. Я буду принимать настоящее *таким,
как оно есть*, и проявлять будущее с помощью
самых глубоких, самых заветных намерений
и желаний.

Закон
Непривязанности

*В непривязанности заключена мудрость
неопределенности... в мудрости
неопределенности заключена свобода от нашего
прошлого, от известного, которое является
тюрьмой прошлой обусловленности.*

*И в своей готовности шагнуть в неведомое, в поле
всех возможностей, мы предоставляем себя
творческому разуму, который создает
хореографию танца Вселенной.*

Подобно двум золотым птицам, расположившимся на одном и том же дереве, близкие друзья — эго и Я — обитают в одном и том же теле. Первое поедает сладкие и кислые плоды с древа жизни, тогда как второе наблюдает, сохраняя непривязанность.

— Мундака Упанишада

Шестой Духовный Закон Успеха — это *Закон Непривязанности. Закон Непривязанности* утверждает: для того чтобы достичь чего-нибудь в физической Вселенной, вы должны отказаться от своей привязанности к тому, чего вы хотите достичь. Это не означает, что вы отказываетесь от своего *намерения* реализовать свое желание. Вы не отказываетесь ни от *намерения*, ни от желания. Вы отказываетесь от своей привязанности к результату.

Это оказывает очень сильное действие. В тот момент, когда вы отказываетесь от своей привязанности к результату, сочетая точно направленное *намерение* с непривязанностью, вы получаете то, что хотите. Все, чего бы вы ни пожелали, можно достичь благодаря непривязанности, потому что непривязанность опирается на абсолютную уверенность в силе вашего истинного Я.

С другой стороны, в основе привязанности лежит страх и чувство неуверенности — а потребность в уверенности вытекает из незнания своего истинного Я.

Источник богатства, изобилия и всего остального в физическом мире — ваше Я; это сознание, которое знает, как удовлетворить любую вашу потребность. Все остальное — только символы: автомобили, дома, деньги, одежда, самолеты. Символы преходящи: они приходят и уходят. Погоня за символами подобна заселению карты вместо реальной территории. Это создает беспокойство и в конечном счете приводит к опустошенности, потому что вы меняете свое Я на *символы* своего Я.

Привязанность рождается скудостью сознания, потому что привязанность — это всегда привязанность к символам. Непривязанность — синоним богатого сознания, потому что непривязанность создает свободу для творчества.

Радость и смех возможны только при отсутствии привязанности к затруднительному положению. Тогда символы богатства создаются спонтанно и без усилий.

Если нет непривязанности, мы становимся пленниками беспомощности, безнадежности, земных потребностей, мелких забот, полного безрассудства и чрезмерной серьезности — всего, что характерно для заурядного существования и убогого сознания.

По-настоящему богатое сознание — это способность получать все, что вы пожелаете, в любое время, когда пожелаете, и с затратой наименьших усилий.

Чтобы постичь основы этого опыта, нужно постичь мудрость неопределенности. В этой мудрости вы найдете свободу создавать все, что захотите.

Люди постоянно ищут уверенности, но вы поймете, что эта уверенность — весьма эфемерная вещь. Даже привязанность к деньгам — признак неуверенности. Вы можете сказать: «Когда у меня будет Х миллионов долларов, я буду чувствовать себя в безопасности. Я буду финансово независим и смогу уйти на отдых. Тогда я смогу делать все, чего я действительно хочу». Но этого никогда не происходит — *никогда не происходит*.

Тот, кто ищет уверенности, будет гоняться за ней всю жизнь, но так и не найдет. Она так и останется иллюзорной и эфемерной, потому что одни только деньги никогда не дают уверенности. Привязанность к деньгам всегда будет рождать чувство неуверенности, независимо от того, сколько денег у вас в банке. В действительности, многие из тех, у кого больше всего денег, испытывают наибольшую неуверенность.

Поиск уверенности — это иллюзия. Согласно древней мудрости, решение этой дилеммы лежит в мудрости неуверенности, или в *мудрости неопределенности*. Это означает, что поиск уверенности и определенности на самом деле является *привязанностью* к известному. Но что такое известное? Известное — это прошлое. Известное — это не что иное, как тюрьма прошлой обусловленности. В нем отсутствует развитие — отсутствует совершенно. А когда нет развития, есть застой, энтропия, беспорядок и увядание.

С другой стороны, неопределенность — это плодородная почва чистых творческих возможностей и свободы. Неопределенность означает вступление в неведомое в каждый миг нашего существования. Неведомое — это поле всех возможностей, вечно свежих, вечно новых, всегда открытых для новых проявлений. Без неопределенности и неведомого жизнь превращается просто в избитое повторение изношенных воспоминаний. Вы становитесь жертвой прошлого, и вашим сегодняшним мучителем становится ваше «я», одолженное у вчерашнего дня.

Откажитесь от своей привязанности к известному, сделайте шаг в неизвестное — и вы окажетесь в поле всех возможностей. Ваша готовность вступить в неизвестное принесет вам мудрость заключенной в нем неопределенности. Это означает, что каждое мгновение вас будет ждать приятное волнение, приключения, тайна. Вы узнаете всю прелесть жизни — ее волшебство, вечный праздник опьянения жизнью и торжество вашего собственного духа.

Ежедневно вы будете с волнением ждать, что может произойти в поле всех возможностей. Когда вы испытываете чувство неопределенности, вы на правильном пути, так что не отказывайтесь от него. Вам не нужно иметь полного и твердого представления о том, что вы собираетесь делать на следующей неделе или в следующем году, ведь когда вы имеете очень четкое представление о том, что должно произойти, и когда вы жестко привязаны к этому представлению, вы перекрываете для себя *весь диапазон возможностей.*

Одной из характерных особенностей поля всех возможностей является бесконечная взаимосвязь. Для получения намеченного результата поле может организовывать бесконечное количество пространственно-временных событий. Но когда вы привязаны, ваше *намерение* фиксируется жесткими установками вашего разума и вы теряете гибкость, творческие возможности и спонтанность, присущие полю. Когда есть привязанность, вы лишаете свое желание гибкости и текучести, втискивая его в жесткие рамки, которые мешают всему процессу творчества.

Закон Непривязанности не противоречит *Закону Намерения и Желания* — установлению цели. У вас по-прежнему есть *намерение* идти в определенном направлении, у вас по-прежнему есть цель. Однако между точкой А и точкой Б имеется бесконечное количество возможностей. Раскладывая неопределенность на составляющие, вы, найдя более высокий идеал или нечто более волнующее, в любой момент можете менять направление. Вы будете меньше форсировать решение проблемы, что позволит вам сохранять алертность к благоприятным возможностям.

Использование *Закона Непривязанности* ускоряет весь процесс эволюции. Когда вы понимаете этот закон, вы не чувствуете необходимости форсировать решение. Форсируя решение проблем, вы только создаете новые. Но если вы направляете свое *внимание* на неопределенность и наблюдаете за неопределенностью, ожидая, когда из путаницы и хаоса появится ваше решение, то, что появляется, бывает поразительным.

Это состояние алертности — ваша подготовленность в настоящем, в поле неопределенности — соприкасается с вашей целью и вашим *намерением* и позволяет вам воспользоваться благоприятной возможностью. Что такое благоприятная возможность? Она содержится в любой проблеме, возникающей в вашей жизни. Любая проблема — это росток возможности больших преимуществ. Когда вы это постигаете, вы становитесь открыты всему диапазону возможностей — и это вносит в вашу жизнь тайну, чудо, приятное волнение, захватывающее приключение.

На всякую возникающую в вашей жизни проблему вы можете смотреть как на благоприятную возможность, сулящую вам большие преимущества. Придерживаясь мудрости неопределенности, вы можете всегда оставаться алертным к благоприятным возможностям. Когда ваша готовность встречается с благоприятной возможностью, решение приходит спонтанно.

То, что получается в результате, часто называют «удачей». Удача — это не что иное, как готовность и благоприятная возможность, собравшиеся вместе. Когда они смешиваются с алертным наблюдением за хаосом, приходит решение, приносящее пользу и сулящее развитие вам и тем, кто с вами соприкасается.

Это безупречный рецепт успеха, и основан он на *Законе Непривязанности*.

Применение
Закона Непривязанности

Я хочу заставить работать *Закон Непривязанности*, взяв на себя обязательство предпринять следующие шаги:

1. Я даю слово с сегодняшнего дня сохранять непривязанность. Я дам себе и всем окружающим свободу быть такими, каковы они есть. Я не буду придерживаться твердого представления о том, как все должно быть. Я не буду форсировать решение проблемы, создавая этим новые проблемы. Ко всему, в чем я буду принимать участие, я буду сохранять непривязанность.

2. С сегодняшнего дня я буду рассматривать неопределенность как важную составляю-

щую своего опыта. При моей готовности принять неопределенность решения будут приходить спонтанно, без проблем, без путаницы, беспорядка и хаоса. Чем более неопределенной будет казаться проблема, тем увереннее я буду себя чувствовать, потому что неопределенность — это мой путь к свободе. Благодаря мудрости неопределенности я найду свою уверенность.

3. Я хочу войти в поле всех возможностей и предвижу приятное волнение, которое ждет меня, когда я буду оставаться открытым бесконечности выбора. Когда я войду в поле всех возможностей, я познаю волшебство и тайны жизни, жизнь станет забавным и интересным приключением.

7

Закон «Дхармы», или Предназначения

Все в жизни имеет свое назначение... уникальный дар или особый талант давать другим.

И когда мы соединяем этот уникальный талант со служением другим, мы испытываем экстаз и ликование своего собственного духа, что есть конечная цель всех целей.

Когда вы трудитесь, вы — флейта, в сердце которой шепот минут превращается в музыку.

...А что значит трудиться с любовью? Это — ткать одежды из нитей своего сердца, как будто те одежды наденет твой возлюбленный...

— *Калил Джебран, «Пророк»*

Седьмой Духовный Закон Успеха — это *Закон Дхармы*. В переводе с санскрита слово «дхарма» означает «предназначение», «жизненный замысел». *Закон Дхармы* утверждает, что мы получаем проявление в физическом теле для того, чтобы реализовать этот замысел. Поле чистой потенциальности Божественно по своей сущности, и Божественное принимает человеческий облик для осуществления своего замысла.

Согласно этому закону, вы обладаете уникальным талантом и уникальным способом его выражения. Существует что-то такое, что вы умеете делать лучше, чем любой другой в этом мире, — и у каждого уникального таланта и уникального выражения этого таланта есть также свои уникальные потребности. Когда эти потребности сочетаются с творческим выражением вашего таланта, это служит искрой, которая создает изобилие. Выражение ваших талантов в удовлетворении потребностей создает неограниченное богатство и изобилие.

Если бы вы могли опять стать ребенком и начать свою жизнь сначала с этими представлениями, вы увидели бы, какое влияние они оказывают на вашу жизнь.

Я реально проделываю это со своими детьми. Я снова и снова напоминаю им, что существует причина, почему они здесь, и они должны раскрыть для себя эту причину. Они *слышат* это с четырехлетнего возраста. Примерно в этом же возрасте я научил их медитировать, и я сказал им:

«Я не хочу, чтобы вы когда-либо беспокоились о том, как строить свою жизнь. Если вы, когда вырастете, не сможете построить свою жизнь, я буду вас содержать, так что не беспокойтесь об этом. Я не хочу, чтобы вы сосредоточивались на успехах в школе. Я не хочу, чтобы вы сосредоточивались на получении лучших оценок или поступлении в лучшие колледжи. Я хочу, чтобы вы сосредоточились на вопросе о том, как вы можете служить человечеству, и спросили себя, в чем заключаются ваши уникальные таланты. Потому что каждый из вас обладает уникальным талантом, которого нет ни у кого другого, и особым способом выражения этого таланта, которым не обладает никто другой».

В результате они посещали наилучшие школы, получали наилучшие оценки, и, даже учась в колледже, они отличались от всех остальных тем, что были финансово независимы, потому что они *сосредоточились на том, что они находятся здесь, чтобы давать*. Это и есть *Закон Дхармы*.

※ ※ ※

Закон Дхармы включает три составляющих.

Первая утверждает, что каждый из нас находится здесь для того, чтобы открыть свое истинное Я, самому убедиться в том, что наше истинное Я духовно, что по существу мы — духовные существа, проявленные в физическом облике. Мы не есть человеческие существа, получающие время от времени духовный опыт, — все как раз наоборот: **мы духовные существа, получающие время от времени человеческий опыт.**

Каждый из нас находится здесь для того, чтобы открыть свое высшее, или духовное Я. Это первое выражение *Закона Дхармы.* Мы должны открыть для себя, что внутри каждого из нас живет в эмбриональном состоянии бог или богиня, которые хотят родиться, чтобы выразить нашу божественную сущность.

Вторая составляющая *Закона Дхармы* — выражение наших уникальных талантов.

Закон Дхармы утверждает, что каждое человеческое существо обладает уникальным талантом. Вы обладаете талантом, уникальным в своем выражении, уникальным настолько, что на этой планете не существует другого человека с таким же талантом или таким же выражением этого таланта. Это означает, что *существует единственная вещь и единственный способ делать ее лучше, с чем вы справитесь лучше любого живущего на этой планете*. Когда вы делаете эту единственную вещь, вы теряете представление о времени. Когда вы выражаете этот уникальный талант, которым вы обладаете, — и нередко больше, чем один уникальный талант, — выражение этого таланта погружает вас в лишенное временных границ осознание.

Третья составляющая *Закона Дхармы* — это служение человечеству.

Это значит служить своим собратьям, постоянно задавая себе вопросы: «Чем я могу быть полезен? Как я могу помочь всем тем, с кем мне приходится соприкасаться?» Когда вы сочетаете способность выражать свой уникальный талант со служением человечеству, вы полностью используете *Закон Дхармы*.

И если учесть опыт вашей собственной духовности, поле чистой потенциальности, вы *не можете не получить* доступа к полному изобилию, потому что это *реальный* путь достижения изобилия.

Это не временное изобилие. Оно постоянно благодаря вашему уникальному таланту, вашему способу его выражения и вашему служению и посвящению себя своим собратьям, к которому вы пришли, задавая себе вопрос «Чем я могу быть полезен?» вместо вопроса «Что это мне даст?».

Вопрос «Что это мне даст?» относится к внутреннему *диалогу, который ведет эго*. Вопрос «Чем я могу быть полезен?» — это внутренний *диалог духа*. Дух — это та область вашего осознания, где вы ощущаете свою универсальность.

Посредством простого смещения своего внутреннего диалога с вопроса «Что это даст мне?» к вопросу «Чем я могу быть полезен?» вы автоматически выходите за пределы эго и попадаете в область духа.

Лучше всего входить в область духа во время медитации — простое смещение внутреннего диалога к вопросу «Чем я могу быть полезен?» откроет вам доступ к духу, к той области вашего осознания, где вы ощущаете свою универсальность.

Если вы хотите максимально использовать *Закон Дхармы*, вам необходимо взять на себя несколько обязательств.

Первое обязательство:

С помощью духовной практики я буду искать свое высшее Я, которое находится за пределами моего эго.

Второе обязательство:

Я открою свои уникальные таланты и, обнаружив их, я буду испытывать наслаждение, потому что процесс наслаждения начинается тогда, когда я вхожу в бесконечное осознание. То есть когда я нахожусь в состоянии блаженства.

Третье обязательство:

Я задам себе вопрос, как наилучшим образом служить человечеству. Получив ответ на этот вопрос, я буду применять его на практике. Я буду использовать свои уникальные таланты для того, чтобы служить своим собратьям, — я буду согласовывать свои желания с их потребностями, чтобы помогать и служить другим людям.

Сядьте и напишите все возможные ответы на следующие два вопроса:

Если бы деньги вас больше не беспокоили и вам бы принадлежало все время и все деньги всего мира, что бы вы делали?

Если бы вы продолжали делать то, что делаете сейчас, значит, вы в *Дхарме*, потому что вы испытываете *страсть* к тому, что делаете, — вы выражаете свой уникальный талант.

А потом ответьте на вопрос:

Как я мог бы лучше всего служить человечеству?

Ответив на этот вопрос, воспользуйтесь своим ответом на практике.

Откройте свою Божественность, найдите свой уникальный талант, и вы сможете создать любое богатство, какое захотите.

Когда ваше творческое выражение соответствует нуждам ваших собратьев, богатство спонтанно из непроявленного становится проявленным, из царства духа переходит в мир форм. Вы начинаете воспринимать свою жизнь как чудесное выражение Божественного — не от случая к случаю, а всегда. И вы узнаете истинную радость и истинный смысл успеха — экстаз и торжество вашего духа.

Применение
Закона «Дхармы»,
или Предназначения

Я хочу заставить работать *Закон Дхармы*, взяв на себя обязательство предпринять следующие шаги:

1. С сегодняшнего дня я буду любовно питать бога (или богиню), живущего в эмбриональном состоянии в глубине моей души. Я буду направлять внимание на дух внутри меня, который оживляет мое тело и мой разум. Я осознаю это глубокое спокойствие в моем сердце. Я буду вносить сознание бесконечного, вечного Бытия в ограниченный временем опыт.

2. Я составлю перечень своих уникальных талантов. Потом я составлю список всего того, что я люблю делать и в чем выражаются мои уникальные таланты. Когда я выражаю свой уникальный талант и использую его для служения человечеству, я теряю представление о времени и создаю изобилие в своей жизни, а также жизни других людей.

3. Я ежедневно буду задавать себе два вопроса: «Как я могу служить?» и «Чем я могу быть полезен?». Ответы на эти вопросы дадут мне возможность помогать и служить с любовью всем людям.

Заключение

Я хочу знать мысли Бога... все остальное —
частности.

— *Альберт Эйнштейн*

Универсальный Разум организует все, что происходит в миллиардах галактик, с большим изяществом и удивительной точностью. Этот Высший Разум служит первопричиной всего сущего, он пронизывает все от мала до велика, от атома до космоса. Все живое является выражением этого Разума. И этот Разум работает через *Семь Духовных Законов*.

Если вы посмотрите на любую клетку человеческого тела, в том, как она функционирует, вы увидите выражение этих Законов.

Каждая клетка, будь то клетка желудка или клетка сердечной мышцы, рождается согласно *Закону Чистой Потенциальности*. Прекрасный пример чистой потенциальности — ДНК, она, по существу, является *материальным выражением* чистой потенциальности. Одна и та же ДНК, которая содержится в каждой клетке тела, выражает себя самым разным образом, чтобы удовлетворить единственные в своем роде требования этой конкретной клетки.

Кроме того, каждая клетка подчиняется *Закону Дарения*. Клетка живет и поддерживает свое здоровое состояние, когда она находится в состоянии равновесия. Состояние равновесия — это состояние завершенности и гармонии, но оно поддерживается путем постоянного отдавания и получения. Каждая клетка отдает каждой другой клетке и поддерживает ее и, в свою очередь, получает питание от каждой другой клетки. Клетка всегда отдает, и эта отдача никогда не прерывается. Фактически, в этой отдаче заключена сама сущность существования клетки. И только благодаря поддержанию этого непрерывного отдавания клетка способна получать — и таким образом продолжать свою жизнь, полную энергии.

Особым совершенством отличается соблюдение каждой клеткой *Закона Кармы*, потому что встроенный в нее разум самым верным и самым точным образом реагирует на любую ситуацию.

Не менее точно каждая клетка нашего тела следует *Закону Наименьшего Усилия*: она выполняет свою работу самым эффективным образом в состоянии спокойной алертности.

Закон Намерения и Желания позволяет любому *намерению* любой клетки обуздывать бесконечную организующую энергию разума природы. Даже такое простое *намерение*, как усвоение молекулы сахара в процессе обмена, тут же вызывает целую симфонию событий в теле, которое, чтобы превратить эту молекулу сахара в чистую созидательную энергию, должно именно в требуемое мгновение выделить точно то количество гормонов, которое необходимо для этого процесса.

И конечно же, каждая клетка выражает *Закон Непривязанности*. Она не привязана к результатам своих намерений. Она не оступается и не проявляет нерешительности, потому что ее поведение является функцией сосредоточенного на жизни осознания настоящего мгновения.

Каждая клетка выражает *Закон Дхармы*. Каждая клетка должна открывать свой собственный источник, свое высшее Я; она должна служить своим собратьям и выражать свой уникальный талант. Клетки сердца, клетки желудка, клетки иммунной системы — все они должны иметь свой источник в высшем Я, в поле чистой потенциальности. И поскольку они непосредственно связаны с этим космическим компьютером, они могут выражать свои уникальные таланты легко и без усилий, с бесконечным осознанием. Только выражая свои уникальные таланты, они могут поддерживать как свою целостность, так и целостность всего тела.

Внутренний диалог каждой клетки человеческого тела содержит вопрос: «Чем я могу быть полезна?». Клетки сердца хотят помогать клеткам иммунной системы, клетки иммунной системы — клеткам желудка и клеткам легких, а клетки мозга прислушиваются к любой клетке тела и помогают ей. У каждой клетки человеческого тела есть только одна функция: помогать каждой из всех остальных клеток.

Глядя на поведение клеток своего тела, мы можем наблюдать самое замечательное и эффективное выражение *Семи Духовных Законов*. Это гений разума природы. Это мысли Бога, все остальное — частности.

✻ ✻ ✻

Семь Духовных Законов Успеха — мощный принцип, который обеспечит вам возможность достичь самообладания.

Если вы направите свое внимание на эти законы и будете следовать шагам, описанным в лежащей перед вами книге, вскоре вы увидите, что будете в состоянии проявить все, что захотите, — все богатство, деньги, успех, каких вы пожелаете. Кроме того, вы увидите, что ваша жизнь становится более радостной и что изобилие начинает сопутствовать вам во всем, потому что эти законы — это одновременно духовные законы жизни, которые делают жизнь стоящей.

Существует естественная последовательность применения этих Законов в повседневной жизни, которая может помочь вам их запомнить.

Закон Чистой Потенциальности постигается с помощью безмолвия, медитации, не-суждения, общения с природой, но его действие активизируется применением *Закона Дарения*. Смысл в том, чтобы научиться отдавать то, что вы ищете. Таким образом вы вводите в действие *Закон Чистой Потенциальности*. Если вы ищете изобилия, давайте изобилие; если вы ищете денег, давайте деньги; если вы ищете любви, признательности, расположения, научитесь давать любовь, признательность, расположение.

Благодаря следованию *Закону Дарения* вы приводите в действие *Закон Кармы*. Вы создаете хорошую карму, а хорошая карма делает все в жизни легким. Вы начинаете замечать, что вам не требуется тратить слишком много усилий для удовлетворения своих желаний, что автоматически подводит к пониманию *Закона Наименьшего Усилия*. Когда все дается легко и не требует усилий для своего выполнения, когда ваши желания постоянно удовлетворяются, вы спонтанно начинаете понимать *Закон Намерения и Желания*. Не требующее усилий удовлетворение желаний облегчает применение *Закона Непривязанности*.

И наконец, когда вы начинаете понимать все эти законы, вы начинаете фокусировать свое внимание на истинном своем назначении в жизни, что ведет к пониманию *Закона Дхармы*. Используя этот закон, выражая свои уникальные таланты и удовлетворяя потребности тех, кто вас окружает, вы начинаете создавать все, что вы захотите. Вам сопутствуют радость и беззаботность, и ваша жизнь становится выражением безграничной любви.

Мы — участники космического путешествия, кружащаяся звездная пыль, совершающая свой танец в вихрях бесконечности. Жизнь вечна. Но выражения жизни эфемерны, мгновенны, преходящи.

Гаутама Будда, основоположник буддизма, однажды сказал:

Наше существование преходяще,
как осенние облака.
Наблюдать за рождением и смертью
живых существ — все равно что
наблюдать за движениями танца.
Жизнь подобна вспышке молнии в небе,
Обрушивающем дождевые потоки к
подножьям гор.

Мы входим в каждое мгновение своей жизни для того, чтобы встречаться друг с другом, любить, делить радости и печали. Это драгоценное мгновение, но оно преходяще. Это крошечный промежуток вечности. Если мы принимаем в нем участие с легким сердцем и любовью, мы создаем изобилие и радость для всех остальных. И тогда это мгновение стоит того, чтобы его прожить.

Всемирная сеть
духовного успеха

Post Office Box 1001
Del Mar, California 92014

Дорогой друг!

В «*Семи Духовных Законах Успеха*» я описываю те качества и связанные с ними принципы, которые помогли мне и бесчисленному множеству других людей достичь духовного удовлетворения и материальных успехов. Я приглашаю вас присоединиться ко мне и, возможно, к миллионам других людей по всему миру в работе **Всемирной сети духовного успеха**, которая будет основана на ежедневном выполнении этих мощных руководящих принципов.

Участие в этой Сети открыто для каждого, кто решил придерживаться Семи Духовных Законов. Я пришел к выводу, что наилучшие результаты дает концентрация на одном из законов в течение одного дня в неделю, начиная с *Закона Чистой Потенциальности* в воскресенье и заканчивая *Законом Дхармы* в субботу.

Концентрация внимания на духовном законе полностью преобразует вашу жизнь, как это произошло с моей, и если мы все вместе ежедневно будем направлять свое внимание на один и тот же закон, мы вскоре сможем достичь критической массы преуспевающих людей, что сможет изменить жизнь всей нашей планеты.

Группы друзей по всему миру уже начали по одному дню фокусироваться на каждом законе. Когда я стал делать это со своими сотрудниками и друзьями, я предложил организовать группы из членов семьи, друзей или сотрудников, которые встречались бы раз в неделю, с тем чтобы обсудить свои переживания, связанные с применением Духовных Законов. Если переживания будут очень яркими, что иногда случается, я советую вам их описать и прислать это описание мне.

Все, что вам нужно сделать для того, чтобы присоединиться к **Всемирной сети духовного успеха**, — это сообщить нам ваше имя, адрес и, если хотите, номер телефона и (или) электронной почты по приведенному выше адресу, и мы вышлем вам карточку размером в бумажник с Семью Законами и будем постоянно информировать вас о развитии Сети.

Создание Сети — это осуществление давно вынашиваемой мною мечты. Я знаю, что, присоединившись к Всемирной сети и следуя Семи Духовным Законам, вы достигнете духовного успеха и удовлетворения своих желаний. Я не мог бы пожелать вам большего счастья.

С любовью и наилучшими пожеланиями

Дипак Чопра

КНИГИ СОФИИ

Дипак Чопра
ПУТЬ ВОЛШЕБНИКА
Как строить жизнь по своему желанию.
Двадцать духовных уроков

84x108/32, 256 стр.

Дипак Чопра — автор пятнадцати книг, в том числе нескольких знаменитых во всем мире бестселлеров. Его работы переведены на двадцать пять языков.

Путь волшебника содержит двадцать духовных уроков, которые помогут читателю в создании новой, лучшей жизни, — той жизни, о которой мы все мечтаем, но не умеем найти к ней пути; дает нам ключ к достижению любви, личного удовлетворения и духовного единства. Приступая к чтению этой книги, будьте готовы к тому, что все ваши предыдущие представления об успехе и счастье изменятся. Произойдет сдвиг от жизни, в которой преобладает эго и вечная внутренняя борьба, к более свободной жизни, в которой найдется место для чуда.

Учение Толтеков
(книги Теуна Мареза)

Уважаемые Господа! Издательство «София», впервые опубликовавшее все книги Карлоса Кастанеды и книги женщин-воинов его партии, представляет первую из двенадцати книг южноафриканского толтека Теуна Мареза.

Возвращение воинов

84х108/32, 288 стр.

Книги серии «Учение Толтеков» — не подражание Кастанеде и не попытка по-своему осмыслить его опыт. Они не вторичны.

Теун Марез — Нагваль из Южной Африки, представляет совершенно другую линию нагвалей, чем дон Хуан и Карлос Кастанеда.

В первой книге Теуна Мареза «Возвращение воинов» описано появление толтеков на планете Земля и их попытки осознать себя в трехмерном мире, влияние толтеков на земную цивилизацию от Атлантиды и до наших дней. Исторический обзор долгих веков заблуждений и разногласий, когда могущество толтеков и одновременно отсутствие цели породили много бед на нашей планете (в том числе и гибель целых континентов), завершается описанием нового этапа в истории толтеков — открытие великого УЧЕНИЯ всему человечеству. Первым был Карлос Кастанеда. Теперь новое поколение людей знания через нагваля Теуна Мареза в этой книге знакомит читателей с четырьмя мощными техниками — работа с эмоциями и намерением, перепросмотр, сталкинг и не-делание.

Хотя первая книга Мареза частично пересекается с работами К. Кастанеды, НО... предоставим слово самому автору:

«...Вторая книга, *«КРИК ОРЛА»*, и третья под названием *«ТУМАНЫ ЗНАНИЯ ДРАКОНОВ»* рассказывают о положениях, о которых никогда не упоминали ни Карлос Кастанеда, ни его спутники. На самом деле, третья книга существенно отходит от всех учений Толтеков, которые известны сейчас, и является первой частью серии из семи книг. Каждая из них будет связана с тремя из двадцати одного аспекта осознания, на которые Кастанеда лишь намекает, когда упоминает о двадцати одном абстрактном ядре. Кроме того, в этих книгах будут развиты еще не известные методики и концепции, включая четыре раздела Объяснения Магов — в отношении которого Кастанеда описывает лишь небольшую часть одного раздела, — а также Правило Трехзубчатого Нагваля, которое Кастанеда, кажется, так и не получил.

Поскольку Кастанеда никогда по-настоящему не объяснял, какую структуру имеют в действительности учения Толтеков, интересным для вас может оказаться тот факт, что, помимо разделения на две основные группы, именуемые «учения правой стороны» и «учения левой стороны», полная совокупность учений делится на три крупных раздела. Во-первых, существуют ФУНДАМЕНТАЛЬНЫЕ ПРИНЦИПЫ, которые можно считать скелетообразующей структурой традиции Толтеков и которые основаны на Овладении Осознанием. Во-вторых, существуют ПРАКТИЧЕСКИЕ МЕТОДИКИ, которые можно сравнить с системой мышц, необходимой для действия, и которые основаны на Искусстве Сталкинга. В-третьих, существуют АФОРИЗМЫ, вневременные всеобщие истины, которые можно считать жизненной сущностью учений Толтеков и содержание которых расшифровывается только благодаря Овладению Намерением».

(Теун Марез, из письма издательству «София»)

Издательство «София» надеется пригласить Нагваля Мареза в нашу страну для лекций и обучения. Предварительное согласие было получено.

Мирча Элиаде
Шаманизм: архаические техники экстаза
70x100/16, 320 стр.

Имя Мирчи Элиаде хорошо известно русскоязычному читателю по ранее переведенным книгам «Священное и мирское», «Аспекты мифа» и сборнику «Космос и история», в который вошли две главы из данной книги. Десятки книг этого выдающегося ученого, профессора многих европейских и американских университетов, переведены на многие языки мира.

Эту книгу можно охарактеризовать словами автора из предисловия: «Шаманизм является одной из архаических техник экстаза и одновременно мистикой, магией и религией в широком понимании этого слова. Мы старались показать шаманизм в различных исторических и культурных аспектах и даже попытались набросать краткую историю его формирования в Центральной и Северной Азии. Большее, однако, значение мы придаем раскрытию самого феномена шаманизма, анализу его идеологии, обсуждению его техник, символизма, мифологии. Мы считаем, что такая работа может заинтересовать не только специалиста, но и культурного человека вообще, к которому прежде всего и обращена эта книга».

Дж. Кэмпбелл
Герой с тысячью лицами

70x100/16, 338 стр.

Рождение и смерть, жизнь и небытие, зарождение и исчезновение мира — все это подчиняется единой модели путешествия мифологического героя и космогонического круга. Эта схема остается неизменной и в обрядах инициации примитивных народов, и в развитой мифологии древних цивилизаций, и в знакомом нам с детства мире сказок, и в сновидениях наших современников.

Используя материал сотен мифов со всех уголков земного шара, от древнейших времен до дня сегодняшнего, крупнейший американский мифолог нашего века Джозеф Кэмпбелл разворачивает величественную и масштабную картину путешествия многоликого героя, переходящего из обыденного мира в запредельную тьму, обретающего там покровителей и врагов, встречающегося с богиней-матерью и богом-отцом и добивающегося в результате своих приключений окончательной награды — щедрого дара, способного облагодетельствовать и спасти человечество.

Египетская йога

Муата Абхайя Эшби
Египетская йога

60x90/8, 208 стр.

Уникальное, богато иллюстрированное издание, посвященное пока еще малоизвестному аспекту древнеегипетской духовной традиции — египетской йоге, основе западных и ближневосточных философий и религий. Содержит подробное описание египетских храмовых мистерий, тантрической йоги, йогической философии, психодуховных и физических упражнений. Полное руководство по психологии ментальной трансформации и свободы. Книга «Египетская йога» освещает следующие вопросы:

Что представляли собой изначальные учения Осириса и Исиды и как мы можем применять их сегодня, чтобы реализовать свой высший потенциал?

Где источник страдания и боли в нашем мире и есть ли средство против них?

Что означают слова «просветление», «спасение» и «карма»?

Кто может спастись и что собой представляет процесс спасения? Как современная наука подтверждает положения древнеегипетской философии?

Как можно раскрыть тайны собственного подсознания и прийти к просветлению?

Правда ли, что египетская мифология — это символическое описание йоги?

Воскресение Осириса:
древнеегипетская библия

60х90/8, 176 стр.

Эпическая история об Осирисе, Исиде и Горе лежит в основании древнеегипетской религии, оказавшей огромное влияние на всю нашу цивилизацию. Этому мифу — более семи тысяч лет. В нем рассказывается о жизни, смерти и воскресении Идеального Царя, Осириса, который пришел на Землю, чтобы показать человечеству праведный путь; о том, как его жена Исида спасла его из бездны смерти; о том, как его сын Гор восстановил учение, ведущее к духовному просветлению. В этой книге история воскресения Осириса ВПЕРВЫЕ в мировой литературе представлена в полном варианте, собранная по крупицам из многочисленных древнеегипетских, древнегреческих, коптских и других текстов. «Древнеегипетская библия» Муаты Эшби кроме уникального текста содержит и множество редчайших иллюстраций, которые также были кропотливо собраны по всему миру. Это сакральные символы и рисунки с египетских фресок, стел, надгробий, ювелирных украшений и из древних папирусов.

Египетская религия содержит в себе все знание, необходимое для достижения бессмертия посредством самопознания. По мнению автора, современного мастера египетской духовной традиции, именно из этого источника черпали свою мудрость древние индийцы и другие народы Земли.

Издательство "СОФИЯ".
Отделы реализации:
в Киеве: (044) 269-69-67
в Москве: (095) 912-02-71

Все новые книги «Софии» по самым низким ценам
вы можете приобрести в Киеве в магазинах:
«Академкнига» — ул. Богдана Хмельницкого,42 (тел. 224-51-42)
«Мистическая Роза» — книги и уникальные эзотерические товары со всего мира
(ул. Ильинская, 12, метро «Контрактовая площадь», тел. 416-67-28)
Салон-магазин **«Эра водолея»** — ул. Бассейная, 9Б
(р-н Бессарабского рынка, вход через арку), тел. 235-34-78

Наши представители в городах Украины
Харьков, «Здесь и сейчас», ул. Чеботарская, 19 (0572) 12-24-39
Одесса, «Книга-33», пр-т Адмиральский, 20, тел. (0482) 66-20-09

E-mail: SophyaInfo@sophya.kiev.ua
http://www.ln.com.ua/~sophya

Заказ книг «Книга-почтой»
Россия
109172, Москва, Краснохолмская наб., 1/15, кв. 108, Топорков Ю.
Украина
01030, Киев, а/я 41, или по телефону (044) 513-51-92

Для получения полного каталога книг фирмы «София»
(с краткими аннотациями), просьба прислать конверт
формата А4 (21x29,7 см) с соответствующей почтовой
маркой (вес каталога 100 г) по следующим адресам:
в Украине: 01030, Киев-30, а/я 41
в России: 109172, Москва, Краснохолмская наб., 1/15, кв. 108
(конверт с обратным адресом обязателен)

Литературно-художественное издание

ЧОПРА Дипак
Семь Духовных Законов Успеха

Перевод:
Н. Шпет

Редактор: *И. Старых*

Корректура: *Е. Введенская,*
Е. Ладикова-Роева, Т. Зенова

Оригинал-макет: *И. Петушиков*

Обложка: *Е. Ющенко*

Лицензия ЛР № 064633 от 13.06.96.

Подписано в печать 15.10.2000.
Формат 70×100$^1/_{32}$. Усл. печ. л. 18,00.
Тираж 7000 экз. Заказ № 2250.

Издательство "София".
252055, Украина, Киев-55, ул. Полковника Потехина, 2.
109172, Россия, Москва, Краснохолмская наб., 1/15, кв. 108.

Отпечатано в ГПП «Печатный двор»
Министерства РФ по делам печати, телерадиовещания
и средств массовых коммуникаций.
197110, Санкт-Петербург, Чкаловский пр., 15.